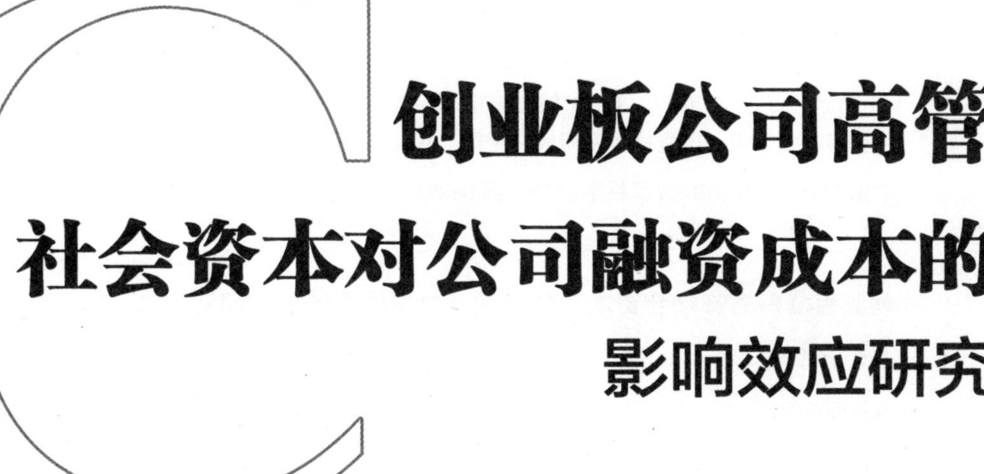

# 创业板公司高管社会资本对公司融资成本的影响效应研究

Chuangyeban Gongsi Gaoguan
Shehui Ziben Dui Gongsi Rongzi Chengben De
Yingxiang Xiaoying Yanjiu

毛　洁／著

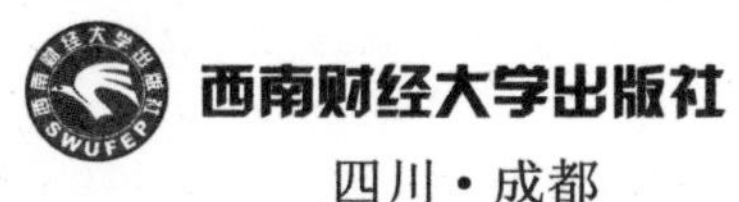

西南财经大学出版社
四川·成都

**图书在版编目(CIP)数据**

创业板公司高管社会资本对公司融资成本的影响效应研究/毛洁著.
—成都:西南财经大学出版社,2020.6
ISBN 978-7-5504-4417-1

Ⅰ.①创… Ⅱ.①毛… Ⅲ.①创业板市场—上市公司—管理人员—社会资本—影响—融资成本—研究—中国 Ⅳ.①F279.246

中国版本图书馆 CIP 数据核字(2020)第 088329 号

**创业板公司高管社会资本对公司融资成本的影响效应研究**
毛洁 著

责任编辑:汪涌波
封面设计:墨创文化
责任印制:朱曼丽

| | |
|---|---|
| 出版发行 | 西南财经大学出版社(四川省成都市光华村街 55 号) |
| 网　　址 | http://www.bookcj.com |
| 电子邮件 | bookcj@foxmail.com |
| 邮政编码 | 610074 |
| 电　　话 | 028-87353785 |
| 照　　排 | 四川胜翔数码印务设计有限公司 |
| 印　　刷 | 成都金龙印务有限责任公司 |
| 成品尺寸 | 170mm×240mm |
| 印　　张 | 11 |
| 字　　数 | 196 千字 |
| 版　　次 | 2020 年 6 月第 1 版 |
| 印　　次 | 2020 年 6 月第 1 次印刷 |
| 书　　号 | ISBN 978-7-5504-4417-1 |
| 定　　价 | 68.00 元 |

# 摘要

企业社会资本不同于企业其他类型的资源，具有历史继承性和长期积累性。在当今知识经济和动态竞争环境下，企业社会资本的异质性日益显现，并逐渐成了难以被模仿和替代的企业战略性资源。企业社会资本来源于企业实践活动的积累，但决定企业社会资本状况的关键因素是人的因素，特别是企业高层管理团队。企业高层管理团队作为企业战略的制定与执行者，不仅其自身拥有不同程度的社会资本，而且是企业社会资本形成和积累的决定性因素。

当今社会，我们已经意识到人是社会关系的总合，对于一个企业，唯有建立了良好、健康的人际关系，才能获得长足的发展。所以企业社会资本，特别是企业高层管理团队自身的社会资本，对企业的各项经营活动有着至关重要的作用。因为无论对于任何一个企业或高管而言，其经济行为都是嵌入在其所处的社会关系和社会结构中，他们的抉择将受到整个关系网格局的约束。而现代企业融资理论往往忽视了企业财务行为的这种“社会嵌入性”，这是其思维范式的重要缺失。

本书以创业板上市公司为样本，研究企业社会资本对融资成本的影响问题。创业板公司上市时间短、公司规模小，这类具有高新技术和高成长性的企业是推动我国技术创新和经济发展的重要源泉。创业板公司可利用的外部资源相对有限，与金融机构信息不对称情况严重，在外部融资过程中，它们中的绝大多数仍因为有民营企业的背景，往往会遭遇到融资成本高、融资额度少等融资约束，从而难以满足企业的需求。在这种情况下，高管团队所拥有的社会网络越广泛，能够为企业提供的外部资源相应越多，他们的社会资本就能给企业带来越大的资源效应。因此本书认为，这类在资本市场上具有经营实力的民营企业亟须借助社会资本的资源效应来解决融资问题。

不同类型的高管社会资本一直受到社会各界的关注，而在我国，高管与政府、银行、商会等不同组织之间的联系所产生的社会资本存在着巨大差别。本书研究的核心问题在于厘清创业板公司高管社会资本对公司融资成本产生影响的脉络，明确高管社会资本是否有助于降低公司融资成本；分别考量对于债务融资成本和权益融资成本，应主要考虑哪些微观和宏观因素的约束，以及其对两者的影响效应有什么差别。

为了解决以上问题，本书试图综合运用社会资本理论、资源依赖理论、声誉机制理论，通过经济、财务管理与社会因素相结合的分析方法。首先，构建高管社会资本指标体系，将高管社会资本划分为横向、纵向和网络三个维度，据此深入考察高管的政治关联、金融关联和声誉对公司融资的影响效应；其次，讨论微观因素（国有股权和银企关系）与宏观因素（制度环境）在其中的约束作用，通过分析高管社会资本对公司融资成本的作用机制，构建了高社会资本对公司融资成本影响效应的研究模型；最后，依靠逻辑推演与实证研究揭开了高管社会资本影响公司融资成本的“黑匣子”。本书通过引入高管社会资本的概念，来分析创业板公司的融资成本在社会网络中会受到哪些影响，对于我国今后创业型企业更好地利用公司内外部的社会关系网络资源，提高企业竞争能力，具有重要的理论意义和现实意义，也对今后企业的融资行为决策具有重要的借鉴意义。

本书具体内容如下：

第 1 章，导论。本章包括本书的选题背景与意义、研究思路与研究方法、研究结构和创新点介绍。

第2章，概念界定与理论基础。本章首先对我国高管社会资本进行概念界定和衡量，并对主体内容进行逻辑梳理，然后根据融资理论、资源依赖、声誉机制、关系融资等基础理论搭建理论平台，为后文分析高管社会资本对融资成本的影响机理提供理论支持。

第3章，文献综述。本章回顾了国内外文献，紧紧围绕高管社会资本这一主题，主要从四个方面对高管社会资本与融资成本的相关研究进行综述：①高管社会资本的相关文献综述；②高管社会资本与债务融资的相关文献综述；③高管社会资本与权益融资相关研究的脉络；④高管社会资本与机构关系相关文献综述的回顾，并同时对现有研究进行评述，以便加深对本书后面实证研究的理解。本章层层递进地对文献进行总结和分析，较为系统和全面地阐述了本书所涉及的重要理论与文献，为后续研究提供了坚实的理论依据。

第4章，创业板公司高管社会资本与融资成本的理论分析。本章分析了高管社会资本与公司融资成本的作用机理，以期帮助我国创业板公司科学合理地建设高管团队。首先根据界定符合创业板公司的高管社会资本概念，并进行细致的分类和阐述其相互之间的关联，然后着重研究高管社会资本中的政治关联、金融关联以及高管声誉指标，并考察了微观因素，如国有股权、银企关系和信息披露质量，以及宏观的制度环境因素对高管社会资本作用于公司融资成本的路径及影响效应。而后建立高管社会资本的实证模型，通过该模型，一是可以为以后的研究提供理论基础，二是可以指导我国上市公司高管建立和维护社会资本。

第5章，创业板公司高管社会资本与债务融资成本。本章旨在研究非正式制度因素对创业板上市公司债务融资行为的影响，以创业板上市公司数据为样本进行实证研究。研究发现：①横向高管社会资本和纵向高管社会资本均能降低创业板上市公司债务融资成本，其中高管政治关联能降低债务融资成本，加入高管政治身份和国有股权的影响后，强化了高管政治关联对债务融资成本的积极影响；高管金融关联能降低债务融资成本，银企关系增强了这种效应的影响程度，且企业的银行股东背景在银企关系多的情况下，能够发挥债务融资效应。②不同制度环境下，高管社会资本对债务融资成本的影响有所差异，在政府干预强、法治水平低、金融发展落后、金融行业竞争不足、产权保护差、信贷水平低的地区，高管社会资本对债务融资成本的影响效应会更大，说明高管社会资本与这些因素有替代关系，而在高信任度的地区，高管社会资本对债务融资成本的影响效应更强。

第6章，创业板公司高管社会资本与权益融资成本。本章旨在研究非正式制度因素对创业板上市公司权益融资行为的影响，以创业板上市公司数据为样本进行实证研究。研究发现：①横向高管社会资本和高管声誉均能降低创业板公司的权益融资成本，其中高管的政治关联单一作用会增加权益融资成本；但考虑高管政治身份和国有股权的影响后，其对权益融资成本的影响方向发生了改变，由负面影响转变为正面影响；高管声誉能够降低权益融资成本，并在公司信息披露质量特别高时，这种影响效应更为显著，说明信息披露质量与高管声誉是互补关系。②不同制度环境下，高管社会资本对权益融资成本的影响有所差异，在政府干预强、金融市场化低、法治水平低的地区，高管社会资本对权益融资成本的影响效应更大；而在高信任度的地区，高管社会资本对权益融资成本的影响效应更强。

第7章，结论、启示与局限。本章对全书的主要研究结论、研究启示和研究局限性进行了总结，并展望了未来的研究方向和提出了政策建议。

本书的创新点主要体现在以下几个方面：

(1) 明确界定了高管社会资本的概念、层次和性质，并阐释了不同维度间的联系，构建了一个相对完善的理论体系。

在前人的基础上，本书改进并构建了高管社会资本的指标体系，采用了突变级数方法来评价。根据它的结构，将其划分为三个维度：横向、纵向和网络，并将之应用于公司融资成本研究。在此基础上，从三个维度来考察高管社会资本：第一个维度是体现高管网络关系的多样性的横向维度；第二个维度是体现高管关系网络的紧密度的纵向维度，由高管在不同组织中的身份地位来衡量；第三个维度是体现了高管关系网络信任度的高管声誉。这三个维度很好地衡量了高管在社会网络中所处位置所能够给自身带来资源和机会的能力。三个维度之间紧密联系，如果把高管社会资本比喻为一个立体网络，那么根据高管在网络中所处位置，与之联结的节点数将能体现关系的广度——横向；高管与不同节点之间存在一定的距离，两者之间的距离或联结的线条强弱粗细能够体现关系的紧密度——纵向；该节点所能反弹的作用力，即该节点的张力能够体现关系的影响程度——网络（信任声誉）。即便高管不主动去施加额外的影响，但他只要处于社会网络中的一个位置，就能享有这个位置所带来的资源。

(2) 识别了不同维度的高管社会资本作用于不同公司融资成本的作用路径，揭开了高管社会资本影响公司融资成本的“黑匣子”，丰富了基于社会资本理论对公司融资成本影响的研究。

根据概念界定，在前人的基础上改进并构建了高管社会资本的指标体系，将其划分为三个维度，构建作用于公司融资的影响效应研究模型。通过该模型，可以揭示高管社会资本影响公司融资成本的内在机制、不同维度分别对债务融资成本和权益融资成本的影响效应的差异性，以及在其作用路径中的约束作用。

(3) 洞察了高管社会资本影响融资成本过程中微观因素的作用，增进了微观因素影响高管社会资本作用于融资成本的影响效应的理解。

针对现有研究在解释高管社会资本与公司融资成本之间关系时，较少关注微观因素的影响这一不足，本书将国有股权、银企关系以及信息披露质量作为微观因素引入研究模型，探讨这三个微观因素对高管社会资本与融资成本之间关系的影响。本书发现：国有股权对于高管政治关联与融资成本间关系具有相反的调节作用；银企关系对于高管金融关联与融资成本间关系具有相同的促进作用；信息披露质量与高管政治关联作用于融资成本间存在替代作用。本书表明：利用不同维度高管社会资本时，要同时关注企业微观因素的状态所带来的影响。这一研究结论在一定程度上深化了对高管社会资本作用路径的理解。

**关键词：** 高管社会资本，资源依赖，声誉机制，国有股权，政治关联

# Abstract

The social capital, different from other types of resources, is generated through continuously inheritance and accumulation. Accompanied with internet development and impact by big data era, the social capital is heterogeneous in the course of accumulation and becomes harder to be copied and replaced. More and more enterprises have been aware of the importance of social capital, acquisition and owning of super strategy ability will be an important way for these enterprises to keep competitive advantage in the fierce market competition environment; besides, " enterprise top management team" is the one who formulates and executes the enterprise strategy while directly determines the company governing efficiency. Therefore, the enterprise top management team is also a core factor of the enterprise social capital development. In Chinese society, it is universally accepted that people should be an integration of social relationship; only a good "social relationship" is established, the enterprise can get a long term development, and even the transnational corporations also have a deep understanding of "relations first" business philosophy during their investment in China. Therefore, the enterprise social capital, in particular to the social capital of the enterprise top management team itself, plays an important role in every operation activity of the enterprise. For any one enterprise or senior executive, its economic behavior is also embedded in the social relationship and social structure itself, and must certainly be impacted by the social relationship structure itself. However, the modern enterprise financing theory often ignores the "social embedability" of the enterprise financial behavior, which is an important defect of thinking pattern.

It is noteworthy that listed companies on GEM are short in listing time, small in company scale and majored in advanced technology and high growth, this type of enterprises with advanced technology and high growth should be an important source to push our technological innovation and economical development. Since the available external resources of the GEM companies are limited and information asymmetry with financing institution is serious, the most of them are still often restricted by high financing cost, low financing amount and the like during the external financing process because of the background of private enterprises, and thus the enterprise demand is hard to meet. Under this circumstance, the social network of the top management team is wider, and external resources provided for the enterprises are correspondingly more; their social capital can bring a huge resource effect to the enterprises. Therefore, this paper holds that the type of private enterprise having operation strength in capital market is in urgent need of social capital resources to solve the financing problems.

Different types of top management social capital are always concerned by all sectors of society, but the social capital generated by the link of the top management with government, bank, chamber of commerce and other organizations in our country has a huge difference. The core problem of the paper is to clear the vein of the influence of the top management social capital of the GEM companies on company financing cost, and make clear whether the top management social capital is good for reducing the company financing cost; subsequently, respectively measure which kind of top management social capital has the most obvious effect on debt financing cost and the equity financing cost, and what is the difference of both impact effects.

In order to solve above problems, this paper intends to comprehensively apply the social capital theory, resource dependence theory, signal transmission theory and reputation mechanism theory and adopts the analysis method with combination of economical, financial management and social factor, to build up a top management social capital index system at first, divide the top management social capital into cross, longitudinal and network dimensions, and hereby deeply investigate the impact effects of the political connection, financial connection and reputation of the top management on company debt financing, then discuss the restriction effect of micro-factors (state-owned stock right and bank-enterprise relationship) and macro-factors (system environment) therein, and finally structure the study model of the top management social capital on the impact effect of company financing cost through analyzing the function mechanism of the top management social capital on company financing cost, and discloses its "black box" that the top management social capital influences on the company financing cost upon the logical deduction by reasoning and empirical study. Through introduction of the concept of the top management social capital, this paper analyzes how does the financing cost of the GEM enterprise is impacted in the social network; it is in important theoretical and realistic significance for our entrepreneurial enterprise to better use the social relationship network resources inside and outside the company in future and improve the enterprise competitive capacity; besides, it also has important reference significance in the financing behavior decision of the enterprises in future.

This part includes research background and significance, research concept and method, paper structure and introduction of innovative point.

The study is divided into seven chapters:

Chapter Ⅰ: In troduction.

Chapter Ⅱ: Theoretical basis. This part is to perform concept definition and measurement on our top management social capital at first, logistically organize the main body content of this paper, and then sets up a theoretical platform in accordance with the financing theory, signal transmission, resource dependence, reputation mechanism, relationship financing and other basic theories, so as to provide the theoretical support to the later analysis of influence mechanism of the top management social capital on the financing cost.

Chapter Ⅲ: Literature review. In this Chapter, abroad and domestic literatures are mainly reviewed, the subject of top management social capital is tightly focused, and related studies on top management social capital and financing cost are reviewed from the following four aspects: 1, related literature of top management social capital; 2, related literature review of top management social capital and debt financing; 3, veins of related study of top management social capital and equity financing; 4, review of related literature summary of top management social capital and equity financing; meanwhile, the existing study is remarked, so as to deepen the understanding of the following empirical study in this paper. Accordingly, this part will conclude and analyze literatures progressively, and systematically and comprehensively describe important theories and literatures involved in this paper, so that a solid theoretical basis is provided for the subsequent study.

Chapter Ⅳ: Theoretical analysis. The action mechanism of the top management social capital on the company financing cost is analyzed in order to help our GEM companies to scientifically and reasonablyconstruct the top management team. This paper defines the concept of top management social capital in line with the GEM companies, and carries out meticulous classification and elaborate mutual connection, and then focuses on studying the political connection, financial connection and top management reputation index in the top management social capital, and finally investigates the impact of micro-factors such as state-owned stock right, bank-enterprise relationship and information disclosure quality, and macro institutional environment factors in the action of the top management social capital on the company financing cost. The empirical model of the top management social capital established later can provide theoretical basis for the future study as well as guide our listed companies how to set up and maintain the social capital.

Chapter Ⅴ: Top management social capital and debt financing cost. This part aims to study the influence of the informal institution factor on the debt financing behavior of the listed companies on GEM, and carries out the empirical study by taking the data of the listed companies on GEM from 2009 to 2013 as a sample mainly. The study finds that① the political connection and financial connection of the top management can influence the debt financing cost of listed companies on GEM, but the political connection of the top management can reduce the debt financing cost; after considering about the political identity and the state-owned shares of the top management, the positive impact on the debt financing cost is strengthened; ②Under differentinstitutional environments, the impact of the top management social capital on the debt financing cost is different more or less; in the area with low credibility, the impact effect of the top management social capital on the debt financing cost will be greater; in the area with high credibility, the impact effect of the top management social capital on the debt financing cost will be stronger.

Chapter Ⅵ: Top management social capital and equity financing cost. This part aims to study the impact of the informal institution factor on the debt financing behavior of the listed companies on GEM, and carries out the empirical study by taking the data of the listed companies on GEM from 2009 to 2013 as a sample mainly. The study finds that ①the political connection of top management can impact the debt financing cost of listed companies on GEM; however, after considering about the political identity of the top management and the state-owned shares, the impact direction thereof on the equity financing cost is changed from negative impact to the positive impact.

The top management reputation can reduce the equity financing cost, and this impact effect will be significant when the disclosure quality of company information is especially low; ② under the different institutional environments, the impact of the top management social capital may be different; when the government interference is high, the financial marketizaion is low, and level of government by law is low, the impact effect of the top management social capital on the equity financing cost will be greater; besides, in the area with high credibility, the impact effect of the top management social capital on the equity financing cost shall be stronger.

Chapter Ⅶ: Conclusion, Enlightenment and Limitation. This chapter summarized the main study conclusion, study enlightenments and study limitation of the whole paper, looks forward the future study direction.

The innovative points of the study are mainly reflected as the followings:

(1) Clearly specify the concept, level and characteristics of the top management social capital, elaborate links among different dimensions, and structure a relatively perfect theoretical system.

On the basis of formers, this paper improves and builds up the index system of the top management social capital. According to its structure, the system is divided into cross, longitudinal and network dimensions, and applied to the study of company financing cost. On this basis, the top management social capital is investigated from three dimensions below: the first dimension is the cross dimension which reflects the diversity of the top management network relationship; the second dimension is the longitudinal dimension which reflects the compactness thereof and is measured by the identity status of the top management in different organizations; the third dimension is the top management reputation which reflects the credibility thereof. These three dimensions have well measured the ability of bringing resources and opportunities for its own according to the location of the top management in the social network. Three dimensions are tightly linked; if the top management social capital is referred to as a three-dimensional network, the number of the joint linked with it can reflect the relationship breadth-cross according to the location of the top management in the network; a certain distance is existed between the top management and different joints, the distance between the both or the strength and thickness of the linked lines can reflect the relationship compactness-longitudinal; the acting force rebounded by the joint is that the tension of the joint can reflect the relationship impact degree-network (credibility reputation). Even through the top management will not actively apply additional force, it will enjoy the resources brought by the position where is located in the social network.

(2) Identify the acting path of the different dimensional top management social capitals acted on the different company financing costs, disclose the "black box" of the top management social capital impacted on company financing cost, and enrich the study on the company financing cost based on the social capital theory.

According to the concept definition, the index system of the top management social capital is improved and structured on the basis of the formers, and the index is divided into there dimensions, and an impact effect study model acted on the company financing is structured. Through the model, the internal mechanism of the top management social capital impacted on the company financing cost, difference of impact effects by different dimensions on the debt financing cost and equity financing cost respectively, and restriction in its acting path can be disclosed

(3) Disclosure the function of micro-factors when the top management social capital influences the financing cost, and enhance the understanding the impact effect that micro-factors influence the action of the top management social capital in financing cost.

Specific to the shortcoming that the existing study puts less attention to the impact of the micro-factors in the course of explaining the relationship between the top management social capital and the company financing cost, this study will introduce the state-owned stock right, the bank-enterprise relationship and the information disclosure quality into the study model as the micro factors, and discuss the impacts of these three micro-factors on the relationship between the top management social capital and the financing cost. The study finds that the state-owned stock right has opposite adjusting action in relationship between the political connection of the top management and the financing cost; the bank-enterprise relationship has the promotion effect on the relationship between the financial connection of the top management and the financing cost; the information disclosure quality can be replaced by the political connection of the top management in terms of the impact on the financing cost. It indicates that the impacts brought by the state of the enterprise micro-factors should be concerned at the same time when the different dimensional top management social capitals are used. This study conclusion deepens the understanding of the acting path of the top management social capital on a certain extent.

**Key Words**: social capital of senior executive; resource dependence; reputation mechanism; state-owned stock right; political connection

# 目录

# 1 导论

企业是市场经济的主体，在经济全球化进程加速与科学技术迅猛发展的大背景下，企业的生存环境也面临日新月异的更迭，变得动态化、复杂化。而融资是企业所有活动的起始，不仅企业资金的投放和运用受到融资的约束，企业的生存、发展，乃至治理机制的形成均受到融资的影响。随着企业不断加强与外部社会经济的联系，最终会融入特定的社会网络之中，而企业的融资行为也必将会依附于这样的社会网络，进而企业在社会网络中所产生的特有的社会资本将作用于企业的融资活动之中。

在我国的特殊国情和处于制度转型时期的背景下，中小企业是国民经济体系中最为活跃的组成部分，主要体现在两方面：一是中小企业是技术创新的源泉，是创新改革的主要力量；二是在稳定我国经济增长和创型企业发展等相关方面起着非常重要的作用。引人瞩目的是大批高新技术企业在科研成果的研发和转化上做出了非常突出的成绩，向世界展现出出色的科技创新能力以及推动经济增长的力量。2009 年，中国证监会所发布的《首次公开发行股票并在创业板上市管理暂行办法》是我国创业板市场正式推出的标志。创业板在提高资本的使用效率和流动性方面有重要的作用。同时需要看到，我国创业板市场在运行过程中也存在着各种问题。能在创业板上市的高成长性的中小企业的融资成本会受哪些因素的影响以及是怎样影响的，这些问题都需要结合我国创业板上市公司的实际情况进行相关的研究。从以往的相关研究中，我们能够发现对于公司融资成本的研究缺乏非正式制度方面的视角，我国目前在这方面的研究以对主板上市企业的研究为主，随着社会资本在非正式制度方面的发展，在以创业板上市企业作为研究对象的还不多。本书拟以我国创业板上市公司为研究对象进行相关研究，建立高管社会资本与企业融资成本之间的关系的模型，考察创业板上市公司高管社会资本对资本成本的作用机理，以期对改进公司融资效率和提高管理者融资决策的有效性，以及如何积累高管社会资本降低其融资成本提出参考意见。

## 1.1 研究背景与问题的提出

融资成本一直是公司财务决策的核心概念之一。从微观角度看，融资成本可以看作投资某一项目的机会成本，是企业用于评价和选择投资项目、融资方式等行为的重要标准，同时在公司财务和业务的决策参考方面起着非常重要的作用。从宏观角度来看，融资成本对于提高资源配置效率有重要作用，是资本市场建设和发展的重要观测指标（毛新述等，2012）。融资成本是现有企业的投资者（包括债权人）对投入企业的资本所要求的收益率，也可以看作是投资本项目（或本企业）的机会成本，唯有比这一机会成本更高的收益才能真正为上市公司股东创造价值，所以它是管理层以及公司投资者都非常关注的重要标杆。

但是，现有文献表明，融资成本受到了规模、杠杆、风险、流动性等诸多公司财务特征变量的影响。然而，大多数研究主要关注正式制度安排下企业融资成本的各种影响因素，并没有跳出“社会化不足”的研究范式。他们忽略了一个现象：无论是企业或个人总是在其所处的社会结构中开展各项财务活动，说明其经济行为已经深深地嵌入社会网络关系中，必然要受到诸如网络、关系、信任等非正式制度潜移默化的影响（Granovetter，1985）。因此，在研究分析公司融资成本时，需建立在“嵌入性”理论的基础上，引入社会资本理论等相关概念分析非正式制度因素对公司融资成本的影响显得尤为重要。对于处在经济转轨过程的关键时期，同时又在儒家思想与“关系哲学”熏陶下的中国而言，关注非正式的制度因素对于经济现象，特别是民营经济发展的影响有着更为特殊的意义。

创业板作为中国一个新兴的资本市场，主要以中小型、高新技术企业为主，绝大部分都是民营企业，将创业板上市公司作为研究对象，显得意义重大。一方面，因民营企业缺少正式制度带给国有企业的有效产权保护和保障，无论是合约的签订还是履行合约都面临着较高的交易成本，此时非正式制度将替代正式制度的缺失而充当着合约机制和保护机制的角色；另一方面，创业板上市公司生存与发展对非正式制度的倚重，反过来又会推动企业家甚至高管更加重视社会关系网络的建立和积累，使得他们的经济行为更深刻地嵌入所处的社会关系和社会结构中。基于此，本书从高管社会资本的视角出发，以我国创业板上市公司为研究对象，将回答以下四个关键性问题：一是高管的社会资本的指标体系如何构建，其各个部分之间的区别与联系是什么；二是高管的社会资本是如何影响公司债务融资成本的；三是公司高管的社会资本是如何影响公司权益融资成本的；四是这种影响是否会受到一些微观因素（国有股权和银企关系）或宏观因素（制度环境）的影响而呈现出不同的差异，若存在差异性，不同类型的高管社会资本所呈现出的这种差异性又有何不同。

因此，本书试图先从高管社会资本的基本概念出发，综合运用社会资本理论、资源依赖理论、声誉机制理论，构建高管社会资本指标体系，将高管社会资本划分为横向、纵向和网络三个维度。根据对已有文献的梳理，对高管社会资本对融资成本的作用机理进行评述，据此选择深入考察高管的政治关联、金融关联和声誉对公司融资成本的影响效应，并接着讨论微观因素（国有股权和银企关系）与宏观因素（制度环境）在其中的约束作用。通过债务融资和权益融资两条脉络，研究高管社会资本对其融资成本的影响效应，最终分别构建高管社会资本对公司融资成本影响效应的研究模型。依靠逻辑推演与实证研究揭开了高管社会资本影响公司融资成本的“黑匣子”。基于此，本书的研究对于我国今后创业型企业更好地利用公司内外部的社会关系网络资源，增强企业竞争能力，具有重要的理论意义和现实意义，也对今后企业的融资决策行为具有重要的借鉴意义。简言之，本书着重从高管社会资本这个角度去研究中国特殊制度背景下的创业板上市公司的融资成本，先是进行内在机理的理论分析，后是进行经验证据的计量分析，最后得出高管社会资本对融资成本的影响效果，从而为认识我国特殊制度背景下创业板上市公司融资成本的研究提供一些思考的角度。

## 1.2　研究意义

首先，在创业板发展的初期阶段，从社会资本视角研究创业板上市公司融资成本，有助于找出现行创业板上市企业融资行为中的不合理因素和症结所在，这对于我国创业板企业在融资方面做出合理、有利的决策具有一定的理论意义。其次，上市公司的融资行为有着广泛而深远的影响，从宏观层面来看，上市公司融资行为的合理性会影响到资源配置和资本市场结构的合理性；从微观层面上看，上市公司融资行为的合理与否会影响到上市公司自身资本结构和内部治理结构合理性与有效性。从资本市场角度分析企业的融资结构，具有丰富的理论内涵。特别是在目前中国资本市场逐步规范的过程中，影响公司融资结构的因素有很多，我国创业板上市公司有着较为强烈的股权融资偏好，而忽略了公司价值最大化的目标。除此之外，还存在着流动性负债过多过重的问题，造成企业上市筹资还贷、资金使用效率低下等问题，这不仅造成了资源的浪费，更影响了企业的绩效和发展。可见通过对创业板上市公司融资结构及优化分析来引导中小企业选择合理的融资方式，提升企业价值，在现阶段具有很强的现实指导意义。

### 1.2.1 理论意义

一个合理的资本结构不仅关系到企业市场价值，更重要的是影响着公司高管、股东和债权人之间的契约关系。企业的资本结构及优化问题逐渐成为现代公司财务研究领域的一个重要课题。企业选择的资本结构不同，上市后资本结构的调整都会对企业的业绩增长带来不同的影响效果，进而对公司的治理、发展也会产生不同程度的影响。因此，在一定的条件下采用合理的资本结构，优化企业上市后的资本结构，实现企业价值的最大化，就成为财务理论和实践中学者们普遍关注的问题。资本结构对公司的成本水平、市场价值表现、公司的业绩等都有很大的影响。上市公司是我国企业群体中的精锐，上市公司资本结构的变化和发展也代表了企业资本结构的发展方向，对非上市公司优化资本结构具有示范作用。而我国大力发展资本市场化资源配置、提高经济效益，正是为了扶持上市公司发展，从而以点带面，推动整个经济体的发展进程。创业板的适时推出，也正是体现了政府对于创新型企业、高新技术企业、中小企业的大力扶持。

（1）本书从理论角度探讨了高管社会资本的内涵和本质，突破了以往仅仅从企业家个人社会资本层面或企业社会资本层面界定的局限性，根据已有的文献和定义改进了指标，构建了高管社会资本指标体系，并辨析了高管社会资本与高管人力资本。进一步深入讨论了高管社会资本构成部分之间的相互联系，以及如何生产出高管社会资本。

从权益融资成本和债务融资成本两个方面研究高管社会资本如何影响公司融资成本。此前的文献主要是通过考察企业家社会资本与公司业绩、绩效或战略制定的影响关系来进行研究（Wong，1991；Burt，1995；Back Cao and Willard，2000；Bushee Jung and Miller，2010；亚景飞等，2008；罗磊，2012），也有研究高管社会资本与政府关系之间的替代问题以及企业经济绩效问题（潘越等，2009；贺远琼等，2007）。本书有效地突破了高管社会资本的界定的范围，将董事会秘书一并作为高管作为研究对象，避免了已有研究只考虑董事会秘书资本与信息披露质量的关系（周开国等，2011；钟昀珈，2012）的局限性，而且与潘越等（2009）相比较，对社会资本的定义不再仅仅是各省宏观层面上的信用水平，而是将社会资本通过信息不对称机制落实在微观行为上，从而有助于更直接地揭示高管社会资本对融资成本的作用机理，丰富了社会资本理论与制度经济学相结合的相关研究。

（2）本书选择融资成本作为高管社会资本的作用对象，考察不同类型的高管社会资本对债务融资成本和权益融资成本的影响程度。例如，大部分学者认为融资成本和社会资本水平负相关与及时性正相关（Botosan，1997；Botosan Plumlee，2002；汪炜等，2004；黄娟娟，2005），但这些实证并未指出融资成本会如何因社会资本类型的不同而不同，融资成本与高管社会资本可能不仅仅是简单的正或负的相关关系。本书在研究高管社会资本与两种融资成本之间作用机制的基础上，进一步分析哪一种高管社会资本对融资成本的影响程度更大，为上述文献做了进一步补充。试图从更为广阔的角度考察我国创业板上市公司的社会资本及其对债务融资成本和权益融资成本的影响，不仅有助于人们理解企业社会资本对融资的作用机理，而且可为企业思考积累哪类社会资本和选择适度的社会资本降低融资成本提供新的理论依据。

（3）引入社会资本到微观企业研究是一个发展趋势，从个人行为的嵌入方式来考察信息中介社会资本的功效，是将信息不对称理论、资源依赖理论与社会资本理论有机地结合起来。本书不仅丰富了社会资本在财务学领域的研究内容，更能深入挖掘在企业并不是处于有效的市场下也能为投资者获取利益提供可实现的路径，拓宽了企业融资方面的相关研究，且开拓了社会资本与财务管理交叉研究的新领域。

### 1.2.2 现实意义

中小企业在我国经济中的地位不容忽视，而中小企业融资难的问题却普遍存在；创业板公司是中小企业中很特殊的一类代表，具有高成长性与创新性。本书旨在立足创业板公司融资实际，关注创业板公司在融资过程中如何主动构建自身的社会资本并影响其融资成本。我们通过实证的科学研究方法验证高管社会资本对融资成本的影响，对于指导我国创业板公司如何在融资中进行恰当的行为选择，策略的构建，以及正确处理政府、银行和媒体的关系，进而降低其融资成本，缓解其融资困境都具有更大的帮助作用。

（1）本书首先通过构建高管社会资本的指标体系，再利用突变级数法对其评价进行计量，这为后续实证分析提供相关因素的数据，从而有助于厘清高管社会资本对融资成本的具体影响及非正式制度安排的运用。

（2）本书在厘清社会资本对融资成本影响程度的基础上，识别什么层面的社会资本会占据更为重要的地位，并强化了高管积累自身社会资本的意识，从而为企业管理层制定特定战略，为实务界解决融资问题提供了可资借鉴的路径。

（3）在竞争日益激烈的信息经济时代下，本书认为企业和投资者都应注重并充分发挥社会资本的重要作用，借鉴社会学的成果，在微观层面上分析高管社会资本的微观传导机制，从而更好地理解企业行为与企业融资成本之间的关系，这为未来制定与保护投资者相关的政策制度提供了参考意见。

## 1.3 研究思路与研究内容

本书的核心目标是找到高管社会资本如何作用于公司融资成本。本书首先从创业板市场的背景出发，梳理已有文献，借鉴已有的理论与实证研究成果，以社会资本测量方法作为分析创业板上市公司高管社会资本的理论基础，建立高管社会资本的指标体系，并选取突变级数评价方法。其次，逐一剖析融资成本的两个构成部分——债务融资成本与权益融资成本，分别讨论各自的影响因素，并分析高管社会资本与两者之间的作用机理。同时，针对不同融资方式的作用机理，分别考虑微观和宏观因素的约束作用，进一步从理论上分析在这些微观和宏观因素的约束下，高管社会资本对融资成本的作用机理是否受到影响。最后，通过整理数据库和人工收集的数据，利用实证模型验证高管社会资本对债务融资成本和权益融资成本的影响效应。在研究高管社会资本对不同融资成本的影响效应时，讨论在制度环境下，这种影响效应是否会受到其影响而产生差异性。研究思路图如图 1.1 所示。

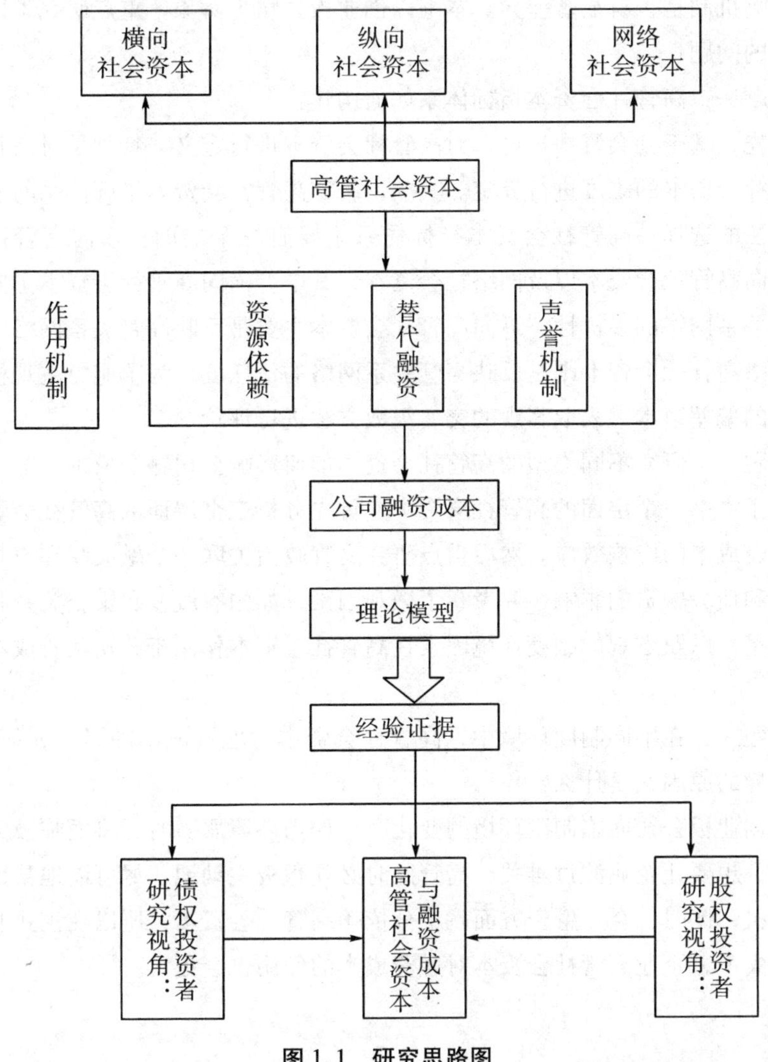


**图 1.1　研究思路图**

无论在发达国家，还是在发展中国家，中小企业都是国民经济的重要组成部分。中小企业由于缺乏融资渠道而发展缓慢，将会直接阻碍整个国民经济的发展。2009 年 10 月，中国创业板市场正式成立，为具有高成长性和自主创新能力的中小企业提供了一条直接融资渠道。本书通过研究高管社会资本对公司融资成本的影响效应，给出高管社会资本影响融资的主要路径，然后提出相应的对策建议，以期能够帮助我国创业板上市公司改善融资压力。同时，在考虑微观因素和宏观因素的约束下，进一步研究高管社会资本对债务融资和权益融资的影响机制是否有显著差异。本书以创业板公司为对象，重点研究了以下三个方面的问题：

问题一：高管社会资本指标体系如何构建？

首先，基于社会资本理论，对高管社会资本进行定义，特别是对高管范围和高管社会资本的维度进行界定。其次，研究高管社会资本指标体系的构建和评价方法的选择。高管社会资本指标体系主要有三个层面：横向高管社会资本、纵向高管社会资本以及网络社会资本，其中，横向高管社会资本主要是反映高管关系网络的多样性，纵向高管社会资本主要是反映高管关系网络的紧密性，网络高管社会资本则是反映高管关系网络的信任度。为了避免主观权重赋值带来的偏差，本书采取客观的突变级数方法进行评价。

问题二：研究不同类型的高管社会资本如何影响公司融资成本？

对于本书三个层面的高管社会资本，首先分析三个层面的高管社会资本分别对融资成本的影响效应。然后重点研究高管政治关联、金融关联和声誉对权益融资和债务融资的影响，并考察了微观因素，如国有股权、银企关系和信息披露质量，以及宏观的制度环境因素在高管社会资本作用于公司融资成本中的影响。

问题三：在不同制度环境中，高管社会资本对融资成本的影响如何变化，产生差异的原因又是什么？

当创业板公司面临制度环境的变化时，如当环境恶劣时，将面临极大的融资压力，想要让企业渡过难关，高管此时必须积极主动地、尽可能地帮助企业摆脱危机；此时，企业融资方面就十分依赖高管社会资本，所以在正式制度环境的缺失下，企业高管社会资本对融资成本的作用也会更大。

## 1.4 结构安排

本书主要分为七章，每章的主要内容如图 1.2 所示。

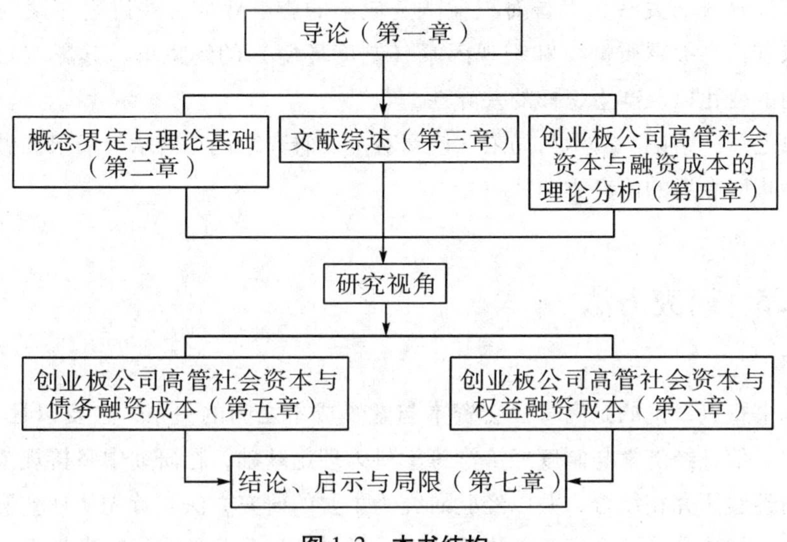


**图 1.2　本书结构**

第一章，导论。该章简要概括了本书的研究背景与意义、研究思路与内容、研究方法与预期创新等。

第二章，概念界定与理论基础。该章主要阐明三个问题，一是界定了高管社会资本的定义和构成，并构建了指标体系和评价方法；二是融资成本的相关概念和衡量；三是高管社会资本对融资成本的相关理论，为本书提供了理论基础。

第三章，文献综述。该章紧紧围绕本书主题，着重对社会资本与权益融资、社会资本与债务融资这两个领域分别进行回顾，并对现有经验研究进行了评述，总结了当前的研究中存在的一些问题，以便加深对后面理论分析的理解。

第四章，创业板公司高管社会资本与融资成本的理论分析。该章通过研究高管社会资本对公司融资成本的影响效应，指出高管社会资本作用于融资成本的主要路径。同时，讨论在微观因素和宏观因素的约束下，高管社会资本的作用机理会发生怎样的变化，为后面的实证做了铺垫。

第五章，创业板公司高管社会资本与债务融资成本。该章为本书实证部分之一，重点研究了高管政治关联和金融关联对债务融资成本的影响效应，并讨论在微观（国有股权和银企关系）和宏观因素（制度环境）的约束下，其影响效应发生如何的变化以及产生怎样的差异性。

第六章，高管社会资本与权益融资成本。该章为本书实证部分之二，重点研究了高管政治关联和声誉对权益融资成本的影响效应，并讨论在微观（国有股权和信息披露质量）和宏观因素（制度环境）的约束下，其影响效应发生如何的变化以及产生怎样的差异性。

第七章，结论、启示与局限。该章对主要研究结论、启示与局限性做了总结，并指明今后的研究方向。

## 1.5 研究方法

本书重点讨论的是高管社会资本与融资成本之间的关系，主要以社会学、财务学、信息经济学与制度经济学等学科为理论基础；在研究中坚持规范理论研究与经验研究相结合，并以经验研究为主要的研究方法。首先从社会资本理论出发，构建高管社会资本的指标体系，通过各种公开的市场数据和人工处理数据作为高管社会资本的基础数据，并运用客观的突变级数法对高管社会资本指标体系进行评分。在创业板背景下探讨高管社会资本与融资成本之间的关系，主要借助于统计分析软件 STATA12.0，MATLAB，运用相关系数分析、多元线性回归、样本均值中位数差异性检验等实证研究方法，并提供稳健性测试以保证本书结论的可靠性。

## 1.6 预期创新

本书研究的创新点主要体现在以下三个方面：

### 1.6.1 明确界定了高管社会资本的概念、层次和性质，并阐释了不同维度间的联系，构建了一个相对完善的理论体系

在前人的基础上，本书改进并构建了高管社会资本的指标体系，采用了突变级数方法来评价。根据它的结构，将其划分为三个维度：横向、纵向和网络，并将之应用于公司融资成本研究。在此基础上，从三个维度来考察高管社会资本：第一个维度是体现高管网络关系的多样性的横向维度；第二个维度是体现高管关系网络的紧密度的纵向维度，由高管在不同组织中的身份地位来衡量；第三个维度体现了高管关系网络信任度的高管声誉。这三个维度很好地衡

量了高管在社会网络中所处位置所能够给自身带来资源和机会的能力。三个维度之间的联系紧密，如果把高管社会资本比喻为一个立体网络，那么根据高管在网络中所处位置，与之联结的节点数将能体现关系的广度——横向；高管与不同节点之间存在一定的距离，两者之间的距离或联结的线条强弱粗细能够体现关系的紧密度——纵向；该节点所能反弹的作用力，即该节点的张力能够体现关系的影响程度——网络（信任声誉）。即便是高管不主动去施加额外的力量，只要处于社会网络中的一个位置，就享有这个位置所带来的资源。

### 1.6.2 识别了不同维度的高管社会资本作用于不同公司融资成本的作用路径

本书识别了不同维度的高管社会资本作用于不同公司融资成本的作用路径，揭开了高管社会资本影响公司融资成本的“黑匣子”，丰富了基于社会资本理论对公司融资成本影响的研究。根据概念界定，在前人的基础上改进并构建了高管社会资本的指标体系，将其划分为三个维度，构建作用于公司融资的影响效应研究模型。通过该模型，可以揭示高管社会资本影响公司融资成本的内在机制、不同维度分别对债务融资成本和权益融资成本的影响效应的差异性，以及在其作用路径中的约束作用。

### 1.6.3 洞察了高管社会资本影响融资成本过程中微观因素的作用，增进了微观因素影响高管社会资本作用于融资成本的影响效应的理解

针对现有研究在解释高管社会资本与公司融资成本之间的关系时，较少关注微观因素的影响这一不足，本书将国有股权、银企关系以及信息披露质量作为微观因素引入研究模型中，探讨这三个微观因素对高管社会资本与融资成本之间关系的影响。本书发现：国有股权对于高管政治关联与融资成本间关系具有相反的调节作用；银企关系对于高管金融关联与融资成本间关系具有相同的促进作用；信息披露质量与高管政治关联作用于融资成本间存在替代作用。本书表明：利用不同维度高管社会资本时，要同时关注企业微观因素的状态所带来的影响。该研究结论在一定程度上深化了对高管社会资本作用路径的理解。

# 2 概念界定与理论基础

本章主要从两个方面对相关概念进行界定：一是高管社会资本的概念界定；二是高管社会资本影响融资的相关理论基础，并对已有研究进行评述，以便加深对本书后面实证研究部分的理解。

## 2.1 社会资本的相关概念界定

### 2.1.1 社会资本的概念及高管社会资本的界定

“资本”问题一直是经济学研究的主要范畴。物质资本和人力资本早期被学者们做了大量研究，随后新古典经济学在古典经济学三要素①的基础上尝试引入企业家的管理才能，但易于量化的物质资本和人力资本仍是主流经济学关注的主要“资本”，而对于难以量化分析但对经济运行又确有重大影响的非经济因素，却常被经济学家忽略并将其排除在资本的概念与经济模型之外。这些非经济因素包括企业家精神、企业家的个人品行以及企业家的社会声望等非物质资本，这些资本不同于物质资本的地方在于难以量化衡量，但即便如此，也无法忽略它们对企业乃至国家的社会经济发展起到的举足轻重的作用。

自从法国社会学家皮埃尔·布迪厄（P. Bourdieu）在 1980 年首次提出“社会资本”概念后，“社会资本”这一概念逐渐被人们广泛采用，并且在当代西方的分析框架中也颇具影响力，不断出现学者运用这一理论来收集数据并进行实证研究分析的大量文献。国内一些敏锐、前沿的学者不仅注意到社会资本理论的可用性，还发现其对中国社会一些特殊现象解释的适用性，同样借此

① 古典经济学的三要素是指劳动、土地和资本。

来分析中国特色国情下的政治经济发展或企业行为也是适用的。那么，要充分利用社会资本来解决现实问题，就必须知道其概念是什么，它具有哪些特征和功效，其分析框架又是什么。

为了更好地理解社会资本的本质，需要辨析其与人力资本的联系与区别。首先必须明确两者的基本概念和特征：①概念定义方面。相对于物质资本而言，人力资本体现为劳动者自身可以被用以提供未来收益且以数量与质量的形式表示的资本，它主要是指劳动者投入企业中的知识、技能、体力（健康）、创新理念和管理方法的总和。具体来说，它的载体仅包括企业中的两类人：技术创新者和职业经理人。而对于社会资本的界定至今尚未形成完全统一的概念，不过，它的内涵是存在于人际关系和社会结构之中，并为结构内部的个人行动提供便利，并在市场中得到回报，属于社会关系的一种投资。所以从概念上来看，社会资本是人力资本的补充。②特征方面，两者有许多相同之处，如都具有无形资本的特征，即其价值量都处于不断的变动之中，都无法模仿和转让等。但两者的差异主要体现在：①载体不同。伯特（1997）从网络分析的角度对两者进行了区分，即社会资本是人与人之间的特征，依托于网络结构；而人力资本是个体特征，依托于个人。②性质不同。社会资本作为一种社会结构资源，在一定假设前提下是可以共享的，具有公共物品的性质；而人力资本却仅仅是单一个体的内在表现，具有显著个体特征和私人特性。③实现的条件不同。社会资本多发生在一个稳定和较为封闭的社会网络中，主要是随着人与人之间长期接触交往而形成的，由于它的存在，人们间的沟通更顺畅、更有效；而人力资本是人类自身的生产和再生产过程中，有目的性地投资于自身，提高自身能力而创造出来的资本。比如可以通过学习并熟练掌握新的工作技能或培训学习。④内容不同。人力资本内容具有内在性，社会资本内容具有外在性。虽然劳动者的人力资本可通过不断投入实现不断增值，但其知识、能力、健康等的投入却无法直观地表现出来，而社会资本内容具有内在含义的外在化，它存在于人与人的关系网络中，也存在于组织中，它具有带给其载体收益的能力，能被载体感受到，体现为一种社会关系，所以能够直接表现出来。一般而言，获取人力资本内容时给社会资本的形成提供了很好的铺垫。因此，人力资本可通过后天努力学习积累，是寄存于人体中的凝结和存量。而人力资本的形成过程中，社会关系网络会慢慢建立而形成，如继续教育或培训时建立的同学关系、加入各种协会的会员关系等，这些都将衍变为个人的社会资本。

资本从经济学的角度来说，是能够被生产出且能够获取收益的储存

（Solow，2000）。而 Burt（2001）提出社会资本在一定层面上可看作关系网更多，也可以看作是有能力做得更好。可见，政治学者和社会学者均需要跳出传统经济学的范畴来定义社会资本。第一个获诺贝尔奖的女学者埃莉诺·奥斯特罗姆（Elinor Ostrom）认为当只用技术与经济因素无法解释经济成长现象不足时，就需要引入社会资本的概念进行解释，即将社会、文化因素等纳入经济思考的范围之中。詹姆斯·科尔曼（James Coleman，1988）将社会资本定义为某种促进个人行动的社会结构，进一步通过列举法明确了社会资本所包含的内容，即：责任和期待、信息渠道、规范以及促进个人行为的组织。这一理论是建立在理性人的假设架构上的，并考虑到价值判断和文化因素的作用，从而不仅加深了对社会行动者的行为动机解释，而且更有力地阐述和分析了宏观层次上的集体行为和长期选择。随后他于 1990 年在其研究成果中把财务资本与社会资本、人力资本同时视为组织所拥有的三种资本，他认为社会网络的封闭性越高越利于这些机制的产生以及保持。希拉里·怀特哈尔·普特南（Hilary Whitehall Putnam，1993）将社会资本理论纳入新制度主义方法的应用中，从而进一步扩大了社会资本的应用范围。他认为社会资本是指在特定的社会组织内人与人之间的促进活动构成推动社会发展的资源，社会制度、社会凝聚力、社会组织、社会关系、社会文化、社会规范等要素均为社会资本。他特别强调了信任是社会资本必不可少的重要因素，而互惠规范、公民参与网络在加深社会信任的同时生产着社会资本。所谓社会资本，是指能够通过协调的行动来提高社会效率的信任、规范和网络。因此社会资本主要体现在相互信赖、互惠互利、公民心与社会关系等方面。而一些学者对社会资本的定义主要从功能的角度来看，Lin（2001）是其中非常具有代表性的学者之一，他主要从社会资本的功效方面来界定社会资本，从而帮助我们更好地理解社会资本的真实内涵。特别是在一些制度还不完善的社会环境之中，社会资本的存在能够使得相互之间的信息沟通更为通畅，这是因为违约者的机会主义行为在现代社会能够通过社会网络得到快速而又广泛的传播，这将会使得违约者损失或者失去其与其他交易者进行交易的机会，从而提升了违约者机会主义行为的潜在成本。学术界关于社会资本的定义，具有代表性的观点如表 2. 1 所示。

表 2.1　社会资本的定义

| 作者 | 定义 |
| --- | --- |
| 布迪厄（Bourdieu）（1986） | 与群体成员相联系的实际的或潜在的资源的总和，它们可以为群体的每一个成员提供集体共有资本支持 |
| 科尔曼（Coleman）（1988）（1990） | 社会资本主要是一种责任与期望等规范化的约束，依附于整个关系结构，若社会资本缺失，将会产生完成目标的额外成本 |
| 普特南（Putnam）（1993）（2000） | 信任、网络以及规范，主要指个体间在社会网络中相互联系产生的彼此的信任和互惠关系 |
| 边燕杰（2001） | 社会资本是能够帮助企业或者个人获取资源的能力，该能力产生于社会网络的建立中 |
| 林南（Lin）（2001） | 社会资本是内嵌于社会网络中的资源，且可以被网络中的个人所运用 |
| OECD（2001） | 网络以及共享的规范、价值观念和理解，它们有助于促进群体内部或群体之间的合作 |
| Peng（2004） | 社会资本因不同性质分为三个维度：结构性社会资本、经验类的个人社会资本和预期的个人社会资本 |

资料来源：根据邹宜斌（2005）有关理论整理所得。

一般而言，对社会资本的分类主要有两个层面：一个是微观的个人社会资本；一个是宏观的社会资本，比如一个地区的信任程度，常用献血量来替代。本书采用的是微观层面的定义，即把它作为个人的一种资源。从以上学者的定义来看，可以看出，社会资本的功效主要有以下三点：

2.1.1.1　减少信息搜寻成本

在现代资本市场中，信息是不对称、不完全的，投资者和债权人投资企业，必须花费时间和金钱才能搜寻到有效而准确的信息。而通过媒体获取各种信息，或通过与关键人物交往常常可以减少信息不对称问题，可以很大程度地减少信息搜寻的时间和金钱成本。例如，在现实生活当中，求职者在寻找合适职业的过程中，很多有用的就业信息就是通过同学、朋友、亲人等途径获得的。

2.1.1.2　减少交易成本

如果一个国家的社会信任度足够高，同时社会发展的各类基础状况良好，社会中各类中小企业均能诚实信用地履行其承诺，交易中按时还本付息，那么中小企业的贷款困难问题将在很大程度上得到好转，中小企业（包括创业板上市公司）也能够更好地健康发展；反过来，如果在一个信任水平很低的地区，如中小企业的违约率保持在较高水平，那么银行在审批中小企业的贷款申请时就会更加谨慎，结果将导致最需要资金支持来扩展规模的中小型企业面临比其他企业更多的困难，那么社会经济发展就必定会受到非常大的阻碍。类似的情形不只出现在金融业，在其他行业这样的情况也非常普遍的存在。如各方面都存在着不少的问题，这样势必会严重影响这些地区国际国内的调查数据的质量。

#### 2.1.1.3 节约正规制度实施成本

正规制度一般意义上有法律和契约，它对人们行为的约束具有强制性。但是，若契约双方的关系较为密切，互动也频繁，则他们之间更容易通过其他方式来完成借贷等活动，比如口头约定，更容易按约行事，这可以通过简化程序节约大量的时间、金钱、精力，从而大大降低制度的实施成本。特别是在中国特色社会主义制度的发展背景下，市场配套制度尚不完善，宏观层面上的社会资本相对较低，亟须建立人际网络和合作关系来促进经济效益的提升。

然而国外研究中很少提到高管社会资本这个概念，使用的大多是企业家社会关系网（Social Network）。国外研究社会资本概念着重强调社会资本网络特性的深入研究。Fafachamps（1998）通过对比分析非洲两个贫困国家的企业，发现当企业家拥有更多私人关系网络时，为企业营造了扩大再生产的有利环境，进而加快企业的规模效应。Barr（2000）研究发现，加纳生产商关系的多样性在某种程度上能够解释不同企业生产效率的差异，主要是由个人与供应商的关系延伸到其对企业的信任。这说明该网络关系质量的决定性因素主要是关系网络之间的联系强度和数量，上市公司高管所在网络的位置也会影响其社会资本效用的发挥。

中国作为一个深受儒家思想影响的国家，人们往往将社会资本视作个人的稀缺资源，跟西方国家的社会关系网络的表述不同的是，中国的学者更愿意用社会资本的概念和视角来进行研究。社会资本这一概念是属于社会学范畴的，然而它已经被人们广泛地引入管理学、经济学等经济研究领域，同时正逐步与财务学联系起来，这样的新的研究视角有助于解释清楚单一领域里不能够解释清楚的一些行为现象。但大多数学者对社会资本方面的研究，集中于讨论企业家社会资本和企业社会资本的相关问题。从微观层面上来看，主要有企业社会资本和个人社会资本两类。而国内对于企业社会资本的研究尚属较为新兴的领域，随着相关的文献逐渐增多，学者对此的研究多采用将个人社会资本的概念延伸至企业的层面。一部分学者认为企业社会资本与个人社会资本在互相转化，如王丽娜（2006）研究发现企业家的社会资本会通过关键网络向企业社会资本转换。所以本书重点考察高管个人社会资本的作用机制。而对于企业而言，其一系列决策行为主要由高级管理层决定，那么高管社会资本就显得尤为重要。高级管理层的主要职能是界定公司目标、制定实施的战略决策并确定让这些决策最终落实。可见高级管理层的任务具有多样性的特征，这就需要高级管理层具备多种技能帮助企业实现价值最大化。

根据以往关于社会资本的研究成果来看，学界对企业家社会资本和企业内部或者整体社会资本的相关研究已经越来越多，然而从上市公司高管个人的社会资本视角来进行研究的还较少。石秀印（1998）在研究中细分了企业法人和公司高管这两个基本概念，他认为企业高管以企业代表的身份同外界进行沟通，在沟通过程中高管的社会资本自然而然会产生，产生的社会资本将有助于企业获得发展过程中所需要的各种类型的稀缺资源。有很多学者在研究中持这样的观点：公司法人在获取社会资本这一特殊而又重要的资产的过程中，其所付出的努力，以及得到社会资本之后的对其的经营与保持，在日常的人际交往活动之中所表现出来的信任、真诚都是社会资本的一部分。惠朝旭（2004）认为社会资本的主要特征是依附于企业家个体，具体是指以企业家个体为中心节点的网络体系、社会声望和信任的总和。他认为高管社会资本不同于其他组织团体所拥有的社会资本，也是属于个人社会资本范畴。王革等（2004）强调一个观点：企业家社会资本等同于具有一定的资产特性的社会关系网络，并且是能够给企业带来预期收益的关系网络。许叶萍等（2007）认为企业家是搭建其与外界环境的桥梁，且具备为企业获取相应的资源的能力①。

为了深刻理解高管社会资本的概念，需要将其与高管人力资本进行辨析。

前文已经对人力资本和社会资本进行了辨析，这里再分析高管人力资本和高管社会资本的联系与区别。两者的联系体现在两方面：一是高管社会资本的建立是受高管人力资本所影响的，二是两者都具有无法模仿和转让的无形资本特征。但两者的区别主要体现在：高管人力资本是依附于个人而存在，高管社会资本在人与人互动活动中的社会网络结构当中产生；高管社会资本主要体现为一种社会关系，是与外界组织建立的联系，是能够被与之联系的组织所观察到的，而高管人力资本具有内在性于高管本身，外界一般较难观察，由此可见

① 这些资源包括：政府行政与法律资源、生产与经营资源、管理与经营资源、精神与文化资源四种。

获取高管人力资本的特征可以有助于高管社会资本的形成。

综上所述，从社会资本理论出发，我们可以将高管社会资本定义为：在社会网络关系的互动活动中，基于信任合作而产生，由高管所能调动，用于实现自身目的的同时可惠及企业的社会资源的总和。

### 2.1.2 社会资本和高管社会资本的衡量

#### 2.1.2.1 社会资本的衡量

虽然学者们对社会资本的概念未达成一致，但他们都尽可能地构建了多样性的指标或问卷调查来度量社会资本水平，却发现无法直接从概念出发而进行度量。随后学者们进而将难以衡量的合作、信任水平等核心内容转化为能直接测量的直观指标：网络组织的数量，这就叫作“普特南工具”（Putnam's Instruments）。但是，现实生活中，这一工具变量的测量尤其困难，因为本想借助于从社会自发性组织的数量和成员个数以及集体活动的参与程度来间接地测量所研究的组织、社区等研究范围内成员间的信任水平，却发现难以对自发组织、非政府组织和商业协会等这些不同类型的组织进行非常严格的区分，这将导致统计数据非常粗糙。另外，有时观测到的组织密度很大，但并不说明组织成员间的联系密切，因为后者难以用具体指标来统计。由于社会中的组织性质各异，好坏不一，从而以什么样的标准对不同的组织进行加权综合也是个现实的难题（Palda，2000）。普特南工具的适用性低，有不少学者致力于通过调查问卷收集第一手数据，但要测量出一个国家或一个地区的整体信任水平，同时会面临新的问题：数据的可行性以及跨国的适用性将受到限制。

国外已有不少文献研究社会资本测量方法，对相关文献中社会资本的测量方法进行了如下梳理，主要有：①量表测量法。量表测量法的社会资本维度和种类均呈现出高度差异化的特点，从两个角度来测量社会资本使得结果更为可靠、准确。测量方式主要是指直接提问题和使用代理变量，但目前的困境是尚缺乏较为统一的社会资本测量量表（Shane & Cable，2002；Batjargal & Liu，2002）。它的测量范围主要包括三个层面：投资者与企业家在投资前的关系、第三方推荐和联系强度的测量。量表测量法的应用主要是根据对风险投资公司的社会资本测量而来。②网络测量法。它主要指对网络中心性、网络密度、网络规模、联系路径长度等不同维度的测量。但目前文献中主要采用自我中心网络分析法（Ego-Centered network analysis）测量社会资本（Zhang，Souitaris and Wong，2008），具体是对与受访者联系最为重要的五个人进行自我中心网络分析测量。③关系测量法（交往频率、信任、社会相似度等）。这类社会资本的分类一般采用问卷直接提问，也可通过用代理变量替代来测量。Duffner Schmid 和 Zimmermann（2009）采用了关系测量中的问卷法来测量风险投资家对企业管理团队的信任程度，但直接提问的方式只能测得感知的信任，由于不同受访者的主观感知可能存在巨大差异，测量结果缺乏客观性。由于关系的主观属性，这些测量方法虽能将社会资本具体量化，但测量结果的噪音较大，欠缺被测者之间的可比性。由于国内外文化差异，国外对高管社会资本没有进行重新定义，大多数对个人社会资本的衡量是基于社会资本及社会网络的基本概念出发引申而来的。

#### 2.1.2.2 高管社会资本的构成与衡量

根据以往社会资本构成理论的研究成果，按照关系的对象可以分为横向社会资本、纵向社会资本、社会联系等；按照社会资本的层次可以分为宏观社会资本和微观社会资本。从宏观层面上来说，着重研究企业与外部环境间的关系，学者们的研究对象主要是企业与政府、各种经济文化组织、竞争者、合作方之间的关系。而从微观层面上来说，学者关注更多的是企业内部的社会资本，主要包括企业内部员工与领导之间的长期交流、同事间彼此的信任感等，它可以改善企业自身的经营状况，为企业的财务目标提供新视角。本书主要是基于微观层面来研究个人社会资本，高管是企业中举足轻重的人物，应首先通过他们的视角来考察企业的社会资本，将高管自身个人的社会资本作用于企业发展所造成的影响作为主要的研究对象。从以往文献对“高管”的选取来看，常选用董事长、总经理、财务总监这三类。而董事会秘书也是高管之一，在以往的文献中相关内容的研究也相对较少，本书考虑到董事会秘书作为公司高管，主要负责信息处理方面的事宜，会负责客户资信调查和评估以及防范信用风险等，这些职责对于融资决策方面也起着很重要的作用。因此，本书把“高管”选取为董事长、总经理、财务总监和董事会秘书。

国内学者们对于企业家社会资本的构成没有形成统一的观点。比如：李路路（1995）仅仅将与企业家联系较为紧密的亲戚和朋友作为研究对象，选用其职业地位和在国家行政权力系统中的职务地位两个指标来测量。边燕杰和丘海雄（2000）设计出三个指标来测量企业法人代表的社会资本，主要是指企业法人代表相关的背景特征，即是否在上级领导机关任职、是否跨行业担任领导职务、是否有广泛社会关系等。以上这几种衡量方式存在过于笼统、界定不清等弊端。另外按照企业所需资源的类型将社会资本分成企业家政府社会资本、市场社会资本、技术社会资本等（周小虎，2002；杨鹏鹏等，2005，2012）。然而这种构成方式存在着明显的不足：对于我国企业而言，不能有效、全面地评价高管的社会资本。

根据以上文献分析，本书借鉴林南（2002，2005）、边燕杰（2004）、刘林平（2006）、游家兴（2011）等学者的观点，从嵌入自我的观点对微观层面的社会资本进行分析，认为将高管的社会资本构成按照关系的作用对象进行分类较为准确，即为横向高管社会资本、纵向高管社会资本、网络高管社会资本三个维度。考虑到只要高管任职于企业，他的社会资本就属于企业的资本，本书认为只有当高管离职时，其社会资本才不属于企业。可见在一定程度上，高管社会资本是能够转化为企业社会资本的。从性质上来看，企业社会资本属于组织资本范畴。一部分学者通过诸如定名法、定位法等对这些微观层次的关系网进行量化，并以此来代表企业的社会资本。本书根据这种衡量方式进行了延伸，从而对高管社会资本进行衡量。在之前定义的基础上，本书将高管社会资本定义为：高管在社会网络关系的互动活动中，基于信任合作而产生，由高管所能调动，用于实现自身目的的同时可惠及企业的社会资源的总和。从这个意义上说，高管拥有的社会资本实际上代表了整个企业从社会网络中所能利用的大部分资源。本书构建包括横向联系、纵向联系、社会联系 3 项维度共 8 个子指标的高管社会资本评价体系（见表 2.2）。其中，网络关系衡量的是高管在社会网络中的横向关系，是与企业有着平行关系的组织与企业之间的联系构成的社会资本，侧重于反映高管关系网络的多样性，该维度由 3 个子指标构成，分别为高管与政府部门、金融机构、其他企业的关系；网络地位衡量的是高管在社会网络中的纵向关系，侧重于反映高管关系网络的紧密性，该维度由 4 个子指标构成，分别为高管的政治身份、经济身份、专业身份和其他身份；网络声誉衡量的是高管在社会联系中的声誉机制，侧重于反映高管在社会中所建立的信任度。网络高管社会资本主要反映了获得资源的广度和密度，除了专业身份单独赋值外，对于其他子指标，我们根据行政级别（中央、省、地市、区县）对各项子指标分别赋予 4、3、2、1 的权重后，再进行相加，从而获得了各个高管社会资本综合指数及其各项维度子指数。

**表 2.2　高管社会资本评价指标体系**

| 维度 | 衡量指标 | 定义 | 赋值说明 |
|---|---|---|---|
| 网络关系（横向高管社会资本） | 与政府部门关系 | 是否曾在政府部门任职 | 是，赋值 1；否，赋值 0 |
| | 与金融机构关系 | 是否曾在银行、证券公司、基金公司等金融行业任职 | 是，赋值 1；否，赋值 0 |
| | 与其他企业关系 | 是否任职（兼职） | 是，赋值 1；否，赋值 0 |
| 网络地位（纵向高管社会资本） | 政治身份 | 是否是人大代表或政协委员 | 一共分为全国、省级、市级、县级、区级 5 级并分别赋值为 5~1，没有该身份则赋值为 0。 |
| | 经济身份 | 是否在商业协会任领导职务（会长、理事长，副会长、副理事长，理事、监事） | 是，则按会长（理事长）、副会长（副理事长）、理事、监事，分别赋值 4、3、2、1；否，赋值 0 |
| | 专业身份 | 学历① | 职称按初级、中级和高级分别赋值 1、2、3；学历按大专及以下、本科、硕士和博士分别赋值 1、2、3、4 |
| | 其他身份 | 是否在非商业协会任领导职务（会长、理事长，副会长、副理事长，理事、监事） | 是，则按会长（理事长）、副会长（副理事长）、理事、监事，分别赋值 4、3、2、1；否，赋值 0 |
| 网络声誉（网络高管社会资本） | 媒体正面曝光度 | 在百度搜索引擎中出现的关于该公司高管正面效应的新闻次数，并取自然对数 | 输出结果中出现该公司名字以及高管名字，并谈论的内容是高管本身且正面的新闻条数 |

本书从三个维度来考察高管社会资本：

第一个维度是横向高管社会资本，表现为高管网络关系的多样性。通过高管曾在不同组织中任职的种类来衡量，体现了高管在社会网络中已进入不同组织的个数。当横向社会资本越多，说明高管进入组织的种类就更多，表现为从业经历越丰富，高管就获得更多的机会来为自己所用。多样性就提高了关系网络的质量，非重复的关系网络给高管提供了更多的信息，就能够很好地保证及时获悉趋利或避害的机会。

① 因职称存在较多缺失值，故此仅考虑学历。

第二个维度是纵向高管社会资本，体现了高管关系网络的紧密度。由高管在不同组织中的身份地位来衡量，当高管在该组织中具有较高的身份地位时，他在组织中的影响力是较大的，从而也可以说明与该组织联系是较为紧密的。从资源依赖理论可以看出，高管会优先选择利用距离较近且更方便的资源。

第三个维度是网络高管社会资本，体现了高管关系网络的信任度。通过高管声誉来衡量，也是高管在社会中具有影响力的一个体现。网络高管社会资本越多，说明高管在社会中的正向关注度越多，即在社会中拥有较高的声誉，声望较高，别人对他的信任度也较高，从而使得影响力较大。

总而言之，这三个维度很好地衡量了高管在社会网络中所处的位置能够给自身带来资源和机会的能力。三个维度是紧密联系的，如果把高管社会资本比喻为一个立体网络，那么根据高管在网络中所处位置，与之联结的节点数将能体现高管社会资本的广度——横向高管社会资本；高管与不同节点之间存在有一定的距离，两者之间的距离或联结的线条粗细能够体现高管社会资本的紧密度——纵向高管社会资本；该节点所能反弹的作用，即该节点的张力能够体现高管社会资本的影响程度——网络高管社会资本。即便是高管没有太强的能力，只要处于社会网络中的一个位置，就享有这个位置所带来的资源。实际上，高管社会资本的整体体现是从网络中带来的回报，可以看作是一个投入产出的过程，即利润=投资×回报率，投资相当于对社会资本建设的投入，即花费的精力和时间，即生产问题；回报率则体现了从每个社会资本中获得的每一个机会，即机会问题。网络自身能够积累更多的关系，高管可以主动去建立关系，也可能由于自身特性和别人的偏好被人建立关系，当与之联系的节点变多时，当高管包含的网络关系越来越多时，这些联系就变得简单容易，而且很容易维持。但是这些容易积累起来的关系带来的是网络的庞大，而不能引起网络的扩张。随着冗余关系的增加，高管需要花费更多的精力和时间在关系的维护上，也使得关系的效用和影响力减弱了。由此可见，若想要优化高管社会资本，需要注意遵守效率原则，筛选出需要投入最小、产出最大的关系进行建立和维护。若高管减少建立多一个节点的机会，可以转向增加两个节点之间的紧密度，将节约的时间和精力放到更有用的关系建设上，发挥其最大的效用。

为了更好地衡量高管社会资本，本书选取的评价方法为突变级数法。其基本原理是通过归一化方程从最下级指标逐一往上综合，最后综合成一个总的隶属函数，从而实现对所需指标体系的评价。突变级数法区别于以往的德菲评分法等主观评分，好处是不用赋予权重就可以综合考虑各指标的影响，更加科学合理。

## 2.2 融资成本的相关概念界定

融资成本是现代财务管理的核心概念，一方面，它对于企业来说，是其选择融资方式、抉择资本结构以及增加新融资方案的主要依据；另一方面，对投资者而言，它是机会成本，更是各类投资方案所需要参考的重要财务指标。一般地，对于上市公司而言，按融资方式的不同，将融资成本分为债务融资成本和权益融资成本。因此，本书研究融资成本问题从债务融资成本和股权融资成本两方面分别进行研究。

### 2.2.1 债务融资成本概念及衡量方式

对于债务融资成本的定义，相对于权益资本成本来说比较简单，研究者形成了较为统一的认识，即企业通过借款或发行债券所发生的利息、手续费等，主要表现为债权人对企业最低要求的回报，只要企业不破产，一般是先将这部分报酬给债权人，这说明债权人对企业要求的报酬率先于股权融资得到满足，所以债务融资成本的计量模型默认假设是企业净利润大于零，不适用于亏损企业。

在我国，债务融资是绝大多数企业比较偏好的一条外部融资渠道。它主要包括借款或债券的利息和筹资费用。由于借款或债券发行的相关费用较难获取，难以找到合适的债务融资成本指标能够准确地衡量公司的债务融资成本，具有代表性的指标主要有：利息费用指标，即利息总支出与平均长短期债务总额之比。其中，短期负债为资产负债表中的短期借款，长期负债包括一年内到期的长期借款、应付债券、长期应付款、其他长期负债项；净财务费用指标，即净财务费用与平均长短期债务总额（或负债总额）之比。企业在债务融资时，除了利息成本，还会支付其他相关手续费等其他成本，故以利息支出加上手续费支出和其他财务费用作为净财务费用（Pittman & Fortin，2004；李广子和刘力、蒋琰，2009；Minnis，2011）。

### 2.2.2 权益融资成本概念及衡量方式

权益融资成本作为企业资本成本构成中最为重要的组成部分，对企业投融资决策具有至关重要的意义。企业主要通过上市发行股票来获取权益资本，股东也就是公司的投资者，一般通过持有股票来从公司获得股利报酬，也可以因市场上股价的上涨而获取收益。但是要注意的是没有明文规定企业必须向股东支付一定水平的股利这一条款，同时市场上股票的价格既可能上升也可能下降。虽然在法律上没有明确的规定，权益融资时企业必须向股东支付收益，但这并不代表权益融资是不需要付出成本的。正如上文分析的，一方面，权益融资成本可看作是股权投资者支付的代价，另一方面，可看作是投资者承受得不到报酬的风险而要求的最低报酬率。

由于股权融资成本受到极为复杂因素的影响，对其估算也就十分困难。已有大量的文献从理论研究上探讨股权融资成本的度量模型以使得其更加合理且适用，归纳起来，主要有以风险溢价为基础的估算模型和以公司收益为基础的估算模型，前者主要包括资本资产定价模型、套利定价模型和三因素模型，后者主要包括股利折现模型和剩余收益折现模型。这些模型直接用于研究权益融资成本相关的问题，发现不同文献选取的估计方法不同，导致同一问题的研究结论不一致，甚至相互间的可比性非常低。而李超（2011）用中国数据比较分析了 GLS 模型、Easton 估计模型和 KR 估计模型这三种内涵权益融资成本估计模型的稳健性，研究发现只有 Easton 估计模型更稳健，可能更适合于估算中国企业的权益融资成本。所以本书也选用 Easton 估计模型来估计权益融资成本。

## 2.3　声誉理论

无论国内学者还是国外学者，对声誉理论的研究领域主要体现在两个方面：声誉内涵的界定和声誉模型的建立。

### 2.3.1　声誉的内涵界定

不同的学者基于不同的视角，对声誉做出了不同的定义。一些学者是基于信号理论来进行他们的研究，这些研究认为企业声誉是向投资者和公众发出的关于公司经营和财务状况的一个重要信号，而学术界对个体声誉的定义却是从评价开始。Rosen et al.（1990）、Dobr 和 Kaplan（1995）的观点均表明个体声誉其实是公众对某个个体性格和整体信息的综合评价，人们则需要通过搜索有关公众对个体的评价信息，能够较客观地反映出某个个体的声誉；相反，Tsui

（1984）却认为对个体声誉的评价是基于对评价个体的印象和相应期望从主观上做出的。个体声誉是综合考虑多种因素而形成的，主要划分成三个方面：个人层面的指标、与绩效相关的指标（指过去的工作表现、工作态度等）以及其他指标（如预期发生某种事带来的影响和能力等因素）。从外部讲，在企业自身没有明显瑕疵的前提下，信息披露所涉及的每一道流程控制也将会对融资成本产生影响，比如审计师事务所与刊登信息的媒体，企业高管如果其自身在这些流程领域里拥有充足的社会资本储备，也将会对企业融资成本的降低产生显著的效果。从个体声誉评价的三个层面可看出，个人特征是构成个体声誉的关键因素。

### 2.3.2 声誉的形成模型

最先出现的声誉模型是由 Formbrun 和 Shanley（1990）提出的，他们认为正确评价企业需要考虑多方面的因素，财务绩效并不是唯一的标准。企业内外部的各类利益相关者对企业的绩效评价标准产生了重要的影响。企业声誉正是企业内外部利益相关者对企业绩效的反映，一方面，可以作为市场上明确的信号，影响包括利益相关者的社会公众；另一方面，声誉反过来是企业行为的约束机制。由此可见，声誉的形成实际上是动态调整的结果。通过对其传导机制的分析，与企业身份相符的企业策略和企业文化是企业独树一帜的组织特性，企业沟通则以其身份建立起投资者、利益相关者和社会公众与企业自身的身份、形象和声誉的重要桥梁；企业形象体现了各类利益相关者包括社会公众的心理印象，通过长期维护和保持企业形象得以形成长期的企业声誉。

然而如果结合博弈论和信息经济学的观点，个体的不可观察性在不确定经济体中一般是存在的，可是该个体的行为特点能够维持在一个稳态时，其他个体就有能力对其未来的行为产生稳定的预期。Kreps（2007）以非对称信息引入框架下的声誉模型分析了在非重复博弈框架个体之间合作行为的可信性和可持续性。Kreps 认为在这样的框架下，交易的其中一方一旦做出损害其他方利益的行为，那么将会使己方声誉价值下降和丧失，后续导致被损害方采取报复策略，从而导致长期合作机会的丧失，损害各方共同的长期利益。经济学和管理学对于声誉的形成和激励模式存在着分歧，但是他们之间存在着不可忽略的共同理解，即企业拥有者和管理者都有追求良好的声誉的激励与动机。另外，对现实中于企业家自身的声誉分析还需建立在其个人的道德观、价值取向、宗教信仰，甚至社会舆论、民族习惯等意识形态因素分析的结果之上。

巨大的负面影响是个体在合伙人关系中信誉丧失时必须付出的代价。随着近年对个人声誉和集体声誉两者间的依存和共生关系的研究的增多，博雅公关公司、德国商业周刊、英国学者、Hill & KnoeLton 公司等通过调查发现，其各自国家的公司声誉大约有一半来自企业的执行董事长的个人声誉，并且发现执行董事长的个人声誉意义重大，无论是在管理团队中，还是公司层面都发挥着极其重要的作用。从理论上讲，声誉和法律是维持市场经济有序运行的两个基本机制。与法律相比，声誉机制是一种成本更低的机制。一个市场经济要有良好的市场秩序，这个秩序是建立在良好的声誉机制之上，而声誉机制的建立离不开法律环境和道德的约束机制。一方面，企业声誉可以作为明确的市场信号，从而影响利益相关者和其他社会公众；另一方面，声誉反过来是企业行为的约束机制。由此可见，声誉的形成实际上是动态调整的结果。

综上所述可以发现，学者们偏向于研究个人的声誉，多数集中在对管理者、经理人、首席执行官这三类人的声誉研究中。声誉机制的影响作用离不开环境的影响。对民营企业经理人的声誉研究较少，尤其是对创业板公司的高管声誉的研究更少，这类高管受政府影响相对于国有企业高管较小，自身选择决策更多来源于独立的考虑，也更自由化，那么研究创业板公司高管声誉对融资成本的影响也就十分必要。

## 2.4 关系融资理论

Diamond 和 Dybvig（1983）提出的 DD 模型基于这样一种认识，即若市场里没有交易成本，金融中介就没有存在的必要，因为合约可以由投资者之间直接签订，其效果与通过金融中介是一样的，反过来说，金融中介的存在为市场的流动性提供了必要的保障。

学界普遍认为金融市场交易成本形成的根源在于信贷市场不完全所导致的交易参与方信息不对称。交易成本可以分为两种，一是在贷款之前，借款人需要搜寻和查证核实贷款项目与借款企业情况，该部分会产生相应的成本（Chan，1983）；二是在贷款发放中需要增加监督来降低道德风险，也会产生影响成本（Diamond，1984）。从这个意义上来说，金融中介可以作为单个借贷者融资过程中的协作联合方，减少了交易成本并促使金融市场规模效应的形成。

银行作为金融市场中支柱型的中介类型，可以最直观地在银行业看到金融中介规模效应所起到的作用，首先是较容易获得企业的结算信息，企业始终会在银行开立账户，银行可以直接从账户流水、存取款情况等方面获得企业的专有信息，并且评定企业的财务状况，如经营成果、社会地位以及企业主个人的声誉等企业专有信息。根据交易成本理论，银行掌握此类的专有知识越多，与资金寻求方合作的概率就越大。其次是银行作为基础结算渠道，可以统一按行业监督企业，形成规范可复制的监督模式，贷款企业也可以依靠银行广泛的资源，获取有益信息，互惠的关系型融资可以有效降低搜寻及监督的交易成本，并且可以使银行与企业形成一个垂直的利益共同体，在关系维护中银行会持续派人员考察企业，部分国家法律还允许银行直接投资企业，可最大化完善银企信息对接。

除了普通企业与银行之间的融资关系外，贸易融资与风险股权投资也可以纳入关系型融资的范畴。我国缺乏提供中小型企业数据的权威机构，加之对关系融资研究起步晚于国外，因此实证研究较少，已有数据来源大部分是依靠抽样调查获取，此外是借鉴了中小企业板的相关数据，实证结果差异性较大。较统一的研究结果是，认为非正规金融机构在收集“软信息”时具有比较优势，有利于提高全部信贷市场的资金配置效率。更进一步，类似小银行也具有信息收集的比较优势，从贷款成本角度考虑，学者主张由中小金融机构为中小企业匹配融资服务（张捷，2002；林毅夫、李永军，2001）。不过，单从企业成立时间和与银行接触的时间长短上考量，企业的融资结构与关系融资获取优惠贷款之间未体现出较强的关联性。在关系型债券融资方面，我国尤其是中小企业与银行尚没有体现出良好的合作关系。

相对于银行的关系型债权融资，关系型股权融资则表现得更加灵活，例如风险投资的突出优势是可以给予风投方的相机治理权，尤其是在高技术高新创业企业的融资过程中，给了投资方退出的通道（何伟，2005），风投方也更容易获得实际控制人的软信息，合理运用相机治理功能可降低中小企业的道德风险与逆向选择。

## 2.5 资源依赖理论

自《组织的外部控制：一个资源依赖视角》（Pfeffer & Salancik，1978）出版后，资源依赖理论逐步成为组织理论和战略管理领域最有影响的理论之一。资源依赖理论的核心理念是公司不是自我封闭的系统，而是一个需要依赖于外部环境的开放系统。这隐含着一个假设前提：自给自足的组织在社会中是不能生存的，组织若想要生存发展，离不开与外界环境的互动。组织若想发展壮大，需要从外界环境引入自己所需资源，这类资源的稀缺性和重要性使得其不得不依赖外界。具体而言，组织的这种外部依赖性取决于三个方面：资源对组织生存的重要性；组织内部或外部特定群体获得处理资源使用的程度；是否存在替代性资源。由此可见，资源依赖理论的核心思想体现为：①降低环境中的不确定性。如果组织需要冒风险才能取得与外部环境之间资源的成功交换，企业应该先识别出关键领域，再加强控制其不确定的根源，减少不必要的风险，从而实现减少对单一重要资源的依赖等方式来降低组织与外界的相互依赖性。如果出现组织对所需的资源无法有效控制，则可以选择与外部环境中的其他组织之间建立关系，并进一步加强关系的密度来降低环境中的不确定性。②获取组织生存所需资源。这里需满足组织经营或发展所需要的关键和稀缺的资源是存在于外部环境当中这个假设前提。那么，企业的生存与发展无论是资源的输入与输出，都必须依赖于外部环境中的组织所提供的资源。在开放的系统中，组织之间通过有形或无形资源的交换形成了互动关系，这有助于提高资源稳定性，进而促进企业成长。③加强组织的权力。基于资源依赖理论，“依赖”是一种相互的行为。现实中依赖方与被依赖方可以通过达成一致的协议，实现互利共赢的结果。协议的遵守也取决于各自的实力与权力。若依赖方权力更大，则更容易从被依赖方获得自身所需资源。

资源依赖理论有助于解释当组织运营所需的资源和自身所拥有的资源之间存在缺口时，组织可以从外部环境中获取重要的资源来构建自身的核心能力。资源依赖理论关注组织和外部环境间的和谐关系，强调组织的外部资源依赖性。由于自身资源有限，组织需要与控制关键资源的其他组织合作来保证资源获取的稳定性。资源依赖理论是源自资源基础理论，我们可以把企业理解为一个资源束，企业的竞争优势来自企业内部独特的资源。虽然早期学者的研究肯定了组织资源的重要性，但资源基础观直到 21 世纪才开始成形。伴随着资源基础观的提出，学者们把研究焦点从组织外部要素转为组织内部要素，并引入“战略要素市场”的概念，这个概念的立意是企业能从战略要素市场中得到战略实施的各项资源。战略要素市场往往是不完全竞争的，其根本原因在于战略性资源在不同企业眼中具有不同价值，即战略资源的未来预期具有差异性。由此可见，要想获取更多资源并实施其战略并获得超额利润，企业必须能较为精准的预测战略性资源的未来价值。企业需要对其已掌握技能进行有效的分析，这样才能更为精准地预测战略性资源的未来价值。

总体而言，从资源依赖理论的发展进程中，我们不难发现，企业是一个开放性系统，体现在其输入与输出都离不开外部环境，并且组织之间资源的相互交换能在一定程度上维持资源稳定，有利于企业的成长和发展。因此，本书高管社会资本的功效，紧紧依赖于资源依赖理论，且资源依赖贯穿于高管社会资本中。

# 3 文献综述

本章将紧紧围绕高管社会资本这一主题，回顾国内外文献，主要从四个方面对高管社会资本与资本成本的相关研究进行综述：一是高管社会资本的相关文献；二是高管社会资本与权益融资的相关文献综述；三是高管社会资本与债务融资相关研究的脉络；四是高管社会资本与资本成本相关文献综述的回顾，并对现有研究进行评述，以便加深对本书实证研究的理解。

## 3.1 高管社会资本的相关文献综述

### 3.1.1 高管社会资本与企业关系网络

社会资本是一个热点问题，研究的学者也越来越多。企业只有保持成长和创新才能在行业中迅速崭露头角，抢占先机。而无论是企业的社会资本还是企业高管的社会资本都能促进企业发展，而且在社会资本水平高的地区，这种影响程度更大。Saxenian（1994）的研究表明，地区创业企业间的相互结网，形成正式与非正式的相互依存的协同合作网络体系是创业企业生存的良好土壤，硅谷的成功即源于此。他明确了地区创业的社会资本的基本含义，并分类量化了社会资本，跳出了以往学者仅仅把企业内部资源看作企业决定性因素的视角，系统分析了企业间关系的影响效应。他着重从不同类型的企业关系网络来剖析其相互间的作用，并发现这种关系网络能促进企业成长的机理，解决了从企业外部关系来研究企业成长。而这种企业间的网络关系实际上是社会资本，在现代企业与其他组织联系而构成网络时，社会资本随之积累而产生，有助于企业获取竞争优势，比如通过社会资本获得能调动的技术资源、人力等（Gulati，1998；Teece，1997）。

陈钦约（2009）揭示了企业家社会网络的构建机理和成长路径，他首先回顾了企业家社会网络嵌入的内涵、假说及类型，在此基础上归纳分析了企业家嵌入社会网络的动力、过程、周期以及绩效。他研究发现企业家嵌入社会网络的程度直接影响其创业成功的概率，而拥有越多社会资本的企业家，越容易从他们嵌入社会网络的程度来反推创业企业的成长历程。

在当代中国，越来越多的企业通过社会网络寻求稀缺资源的配置方式。赵瑞（2013）认为在我国目前的情境下，社会资本既是一种重要的非正式制度，也是一种很重要的资源配置方式。他从微观视角在企业投资行为研究中嵌入社会资本理论时发现，企业的社会资本越高，获得的投资机会也越多，同时还能抑制过度投资行为。因此企业社会资本能够有效提高企业的投资机会和投资效率，更加合理地解释了企业的经济行为。

总之，当企业家在社会网络中互动交往时，社会资本围绕他们产生并且随之积累沉淀，这些资产或早或迟都将被启用，所以企业竞争优势的差异取决于企业管理层能否合理运用企业关系网络，获取社会资本，并施力于高管所在的企业，影响企业自身的发展。这无疑是为企业提高资源整合效率提供了新思路，并指导着如何充分发挥各类资源的效用。不过虽然诸多研究阐述人力资本和社会资本两者在社会关系网络对企业业绩的作用，却往往忽略了这两种资本要素之间的相互作用，以及企业社会资本结构对企业业绩成长的影响。

梅林（2011）以创意广告业作为主要研究对象，在 Mirjamvan Praag（2003）提出的新创企业成长模型的基础上，考虑到行业特殊的资源依赖方式，将人力资本和社会资本两类无形资本加入模型，结合企业不同生命周期所面临的境况，发现两类无形资本均能够有效促进创意产业的成长，并进一步发现当企业家所拥有的社会资本足够充足、企业业绩也足够优秀时，社会资本对企业业绩增加的效应是在逐渐减小。王晓辉（2013）发现企业在利用社会资本方面的差异，从企业社会资本的不同维度出发，逐一研究它们促进企业成长的作用机理。识别出只有企业社会资本的认知维度能够在一定程度上促进企业成长，并发现除了认知维度的影响，企业应该积极发展其动态能力才能够帮助企业发展，企业成长需要积累认知维度与培养动态能力两者的共同发展。

综上所述，无论在企业创立还是发展的过程中，企业内部资源固然重要，但企业间的社会资本作用却不容忽视。企业若想变大变强，只有积极运用社会资本获得外界支持、识别和把握机遇，才能不断提高新创企业的竞争优势，从而构建可持续成长的发展模式。

### 3.1.2 高管社会资本与企业创新性

当今社会，企业的竞争是思想的竞争，是不断变化、不断突破的竞争，管理者更加关注对员工知识、经验、技能和专业性的有效管理和开发。面对日益激烈的全球竞争和快速更新的技术，人力资本运用的目标是将企业调整成为灵活、创新、对市场随时具有快速反应能力的状态，这同样需要高管社会资本的协同。

周立新（2005）认为企业家商业资本是一种社会网络关系，组建这个网络的参与者主要是企业高层管理人员，分别来自核心企业、供应商、下游商、竞争者。借助于企业家商业资本，企业高管可以利用其他企业的资源，依靠第三方的能力进行合作创新，在我国目前知识产权市场还不完善的境况下，此举在一定程度上克服了企业创新意识薄弱的问题。

李海超等（2015）从企业社会资本内涵出发，将社会资本分为结构、关系和认知三个维度，并对社会资本这三个维度间的互动关系进行了剖析。他还认为技术创新是以创新观念、创新资源及整合能力而展开的，并进一步探寻社会资本三个维度对企业技术创新的影响机理，在此基础上提出社会资本视角下企业技术创新能力提升的路径。

长期以来，企业通过专利保护、政府扶持、技术领先等方式，设置不同行业的进入壁垒，学术界和实务界都认为，这些措施可以帮助企业获取持续的竞争优势，保持长久的竞争力。但事实上，这些壁垒已经开始逐渐瓦解销蚀。随着当代新技术的快速传播，创新产品和技术不断地出现，政府管制的不断变化让世界越来越“平坦”。而企业社会资本的相关理论能够为企业增强自身的创新能力提供新的参考和建议，主要体现在：拓宽了企业获取外部资源的渠道，提供新型材料以便于企业更灵活地开展创新活动；付出较低代价来获取真实可靠的信息，有助于提高企业投资决策的有效性；增强了与合作伙伴间的信任度，减少了创新交易失败的不确定性（Hagedoom Duysters，2002）。

俗话说，“关键时候关键人做关键事”，企业家精神、创新氛围的营造对组织的生存和发展有着重要作用。全球各行业间的竞争和技术发展正如火如荼地改变着世界，企业高管对于社会资本的全方位调动将极大地促进企业创新和发展，对组织灵活的新创企业以及高新技术产业相关企业来说更是如此。这说明企业高管全身心去调动社会资源能够促进企业创新发展，最具有创新活力的企业会通过高管社会资本获得更多收益。创业板企业是高新技术企业，自然会因此获得更好的收益。

### 3.1.3 高管社会资本与公司治理

从资源依赖理论的视角来看社会资本，一方面社会资本是企业突破自身资源约束发展的重要条件，另一方面也是企业获得竞争优势创新的重要来源。而企业家也可通过积累自身社会资本，优化企业资源配置，并促进其合理流动，进而增强企业的资源获取能力，这对于企业管理实践是一个新的有益尝试。

陈璐（2009）认为网络密度对冲突的影响取决于非正式化沟通程度，若高管团队内部网络密度高，意味着成员之间互动更频繁且信任度高，就可形成典型的强关系网络，高管们可利用彼此充分的关系链接，获取决策所需要的关键性和差异性的信息，将激发成员间有利的认知冲突，降低不利的情绪冲突。

孙静华和陈传明（2009）以中国制造业上市企业为研究对象，对企业家社会资本从两个维度进行界定，分别是企业家关系网络特征和网络资源动员能力。研究发现企业家的纵向关系网络和政治身份会降低企业短期业绩，进一步分析其主要原因为中国市场化的快速发展削弱了企业对政府的依赖，以及社会资本功效具有滞后性。此外，企业绩效受到来自企业家横向关系网络的影响作用微乎其微，不过企业家的声誉和个人特质却能够明显提高企业质量方面的业绩。

吴斌和黄明峰（2011）以中小板块的企业为研究对象，他们筛选出前十大股东中有风险投资持股的企业，考察风险投资者与企业绩效两者之间的关系。研究发现控制权安排具有相机抉择的特征，当企业的业绩较差时，风险投资者会获得更多的权力。此外，研究发现风险投资者会考虑高管的社会资本，当管理层具有强政治背景和人力资本特征时，风险投资者会评定投资价值更大，更乐于投资且会放松控制权，更愿意依赖企业高管的管理。

田青青（2012）单独研究医药行业上市公司的高管人力资本，将其分为教育型、实践型、激励型三类，发现高管教育型人力资本对绩效的影响最显著；实践型人力资本、激励型人力资本对绩效的影响甚微。同时发现各类人力资本对企业绩效贡献的大小在不同行业存在差异性。

冯慧群（2014）把董事会资本分为两个方面：董事会资本丰富性和董事会资本深入性，研究发现对公司治理有显著正影响的只有董事会资本丰富性，并且在权力和股权集中度的影响下，董事会资本丰富性对公司治理的正向影响会减弱。进一步考虑到不同产权和制度背景下，董事会资本对公司治理的作用效果存在差异性。

赵晶和郭海（2014）为了研究社会资本强度与企业实际控制权的互动关系，在前人的基础上，引入“股权控制链”和“社会资本控制链”两个概念，并构建了社会资本控制效度模型。研究发现，当企业的社会资本水平达到一定高度时，企业环境以非正式的制度为主，实际控制人则倾向于利用社会资本控制链对企业进行控制，当其拥有的剩余控制权越多，也就意味着其可操纵企业的自主行为空间越大。反之，若是以正式制度（如法律）为主时，实际控制人通过社会资本控制链对企业进行控制得到的好处就越少。由此可见，企业实际控制人的社会资本控制效应取决于企业所在的环境氛围。

姚启昌和孙启明（2015）以小微企业为研究对象，他们首先通过收集小微企业的案例并采用因子分析等方法，发现社会资本和人力资本的变动对于小微企业影响更大。相对于大中型企业，小微企业在行业因素、资金问题、内部监控机制以及人才战略四个方面的管理能力都有欠缺，缺乏抵御风险的能力，因此在考虑风险的波动后，他们构建出一种帮助小微企业成长且可规避风险的预警模型。

当然，也有一些学者发现企业家社会资本对财务绩效不一定会起到促进作用，主要是收益与成本权衡不当造成的，若开发和维持关系资源所付出的成本抵消其所带来收益的增加值，便会缩减社会资本对企业市场绩效的正面效应。龚鹤强和林健（2003）认为关系的重要性并不能够促进企业的绩效增长，私营企业家越是重视关系在经营中起到的作用，越有可能过度投资而导致企业绩效下滑。石军伟等（2010）也发现政企关系这一自变量与企业绩效的系数小于其他自变量。

综上可以看出，学界对高管社会资本本身的界定、特征、对企业产生影响的途径和方式从更细分的层面做了较多的研究；但是，国内还没有文献系统地研究高管社会资本和融资成本的关系，大多数是从社会资本的一个细小的方面来研究对融资成本的影响作用机制，因此在这一领域还有进一步深入研究的可能，本书力图寻求一些新的探索突破，为以后的研究奠定基础。

## 3.2 高管社会资本与债务融资

债务融资是企业最传统、最直接的融资方式，在我国则以银行贷款为最主要的债务融资手段。刘磊和王前锋（2012）研究了企业社会资本与债务贷款的关系，他们首先将企业社会资本分为横向、纵向和特有三个维度，其次研究发现了社会资本对企业短期贷款水平，比如对银行贷款有着积极的作用，尤其是企业纵向社会资本中的政府关系资本、企业横向社会资本中的客户关系资本和企业特有的社会资本。而企业的横向资本社会中，与供应商关联方面的关系网络对企业债务融资没有显著影响。

段海艳（2009）认为企业的产权不同，面临的行业风险会有所差异。投资者对于非国有企业的投资会更谨慎，考察范围更大，以降低其不确定性。非国有企业缺乏政府庇护有一定的融资劣势，必然会表现出与国有企业截然不同的融资特征。在较难通过常规渠道获得资金的情况下，他推断非国有企业更有可能利用社会资本，通过连锁的董事关系网络获取资金支持。若当企业经营状况不好时，占据重要地位的社会资本的资产专用性将会提高行业的退出壁垒。这种结果有可能使得市场所形成的优胜劣汰机制失灵，甚至很有可能导致这类困难企业再次陷入同行业激烈的竞争，不具备抗衡能力的企业依靠彼此之间的关系也难以渡过难关。然而叶康涛等（2010）通过对民营企业最终控制人声誉的研究，发现即期的债务融资规模会受到上一期借款人声誉的影响，并发现负面信息的产生会减少企业的融资规模，进一步分析认为，随着市场化强度的增加，对于声誉等非正式制度因素的依赖将减少，即在民营企业融资中，最终控制人的声誉与市场化程度存在替代关系。

事实上除了声誉，非正式制度因素具有多种形态，各种激励机制也很难尽善尽美。赵勇（2007）认为社会结构可以由不同的元素来加以规定，比如规范、惩罚以及法律，而信任这种社会资本实质上是社会结构的某一方面。正如福山（2001）所言：“产权法、契约和商业法都是建立现代市场经济体系必不可少的制度，但是如果这些制度再加上社会资本和信任，商业交易的成本将显著降低。”

更有效的制度和治理机制安排其实需要特殊的滋生土壤，在社会域和经济域越是交汇广泛深入的地方，越是容易产生出替补的非正式机制。比如在社会资本水平低的地区，由于信任的缺失，社会互动交流就必须通过烦琐的流程，本身会产生一定的交易成本，而为了减少双方的信息不对称，避免各种欺诈、欺骗、误导，还必须得花费高昂的监督成本①；反之，在信任度高的地区，就可以节省这些烦琐且重复的事务性成本，从而减少整个社会的无谓损失。

譬如家族企业的长期生存与发展，还需要顾及家族的长期利益和声誉，从而家族涉入可以减少企业的冒险倾向，这意味着贷款人的风险降低，从而更愿意对企业贷款（McConaughy，1999）。家族涉入也有利于降低债务代理成本（Anderson，2003），并且家族企业高管的社会资本往往也是家族的社会资本。陈建林（2013）认为家族涉入对企业债务融资有“促进效应”和“阻碍效应”双重影响，家族涉入包括家族所有、家族控制、家族管理和家族传承四个维度。家族涉入一是可以使用家族的社会资本，来帮助创业企业获取债务融资。二是家族社会资本将转化为家族企业社会资本，即家族涉入可以帮助企业获取社会资本，且主要依靠四条路径：家族制度的体制同构，组织认同和高管理性，人力资源管理，社会网络重叠。这样可以减少债权人和债务人的代理冲突，直接获取融资，或者通过改善企业与债权人的关系和取得第三方担保，间接帮助获取融资，然而自利性强的企业会使得家族涉入起到负面的阻碍影响。

而大部分民营企业其实都是从家族企业逐渐发展而来的，中国企业家调查系统（2011）调查发现，中小企业和民营企业融资问题很难突破。企业规模越小，越需要向银行解释贷款符合企业外部扩张的融资需要，能够从银行获得足够贷款规模的企业家比重越低。但是，不论是在发达国家，还是在发展中国家，中小企业都是国民经济的重要组成部分。中小企业由于缺乏资金而发展缓慢，会直接阻碍整个国家经济的发展。当然民营企业在面对种种制度约束不会无动于衷，它们会竭尽所能获取企业所需要的资源。不过针对企业的融资理论方面，目前的研究都对非正式制度考虑不足，事实上，如前所述，民营企业常常依赖于一些替代性的非正式制度和机制来支持企业的发展，企业的融资行为需要嵌入社会网络结构之中全盘考虑。

李广子和刘力（2009）以民营上市企业为研究样本，从债务融资成本的角度研究民营企业信贷歧视问题。研究结果表明上市企业在被民营化前的债务融资成本更低，相对于非民营上市公司而言，民营上市企业承担了更高的债务融资成本，说明民营化的确会带来债务融资成本的差异，对于这种差异他们认

① 需要建立周详的契约和执行机制，才能提高相互的信任来达到合约的效果。

为是信贷歧视的结果。

大多数学者认同一种观点，民营企业常常受到歧视，尤其是在融资方面，即为金融歧视。然而一部分学者通过研究民营企业上市前后的数据得到了不一样的观点，如方军雄（2010）以民营企业上市前后的数据为研究样本，发现相较于上市前，民营上市企业确实倾向于更少的银行贷款、更短的债务期限结构，然而产生这一现象并不是因为金融歧视，而是企业自主选择的结果。

李四海和刘星河（2013）从社会嵌入性理论的视角出发，发现社会信任对民营企业银行贷款有影响，社会资本水平高的地区，这种影响机制作用更大，体现为更低的融资成本和更长期限的贷款。他们认为民营企业在很多方面遭受歧视的原因可能是制度缺失、法律不健全或金融市场不发达等，导致无法与国企公平竞争。

而事实上，无论是国企还是民企，银行和企业的关系都会影响企业融资的选择，当银行处于放贷压力时，优质的企业就具备了与银行谈判的资本，自然成了企业争抢的客户。银企关系在债务融资中发挥的作用效果虽然首先取决于企业本身的好坏，但也受到企业高管的社会资本，尤其是在金融和政治相关领域的社会资本影响。

## 3.3 高管社会资本与权益融资

美国大多数研究学者认同斯图尔特·迈尔斯（Stewart C. Myers）提出的融资排序假说，即企业应该首先选择成本较低的方式，内部融资方式的留存收益成了最优选择，外部融资则应该是债券融资优于权益融资。虽然这一假说难以被直接检验，不过理性的管理者必然会权衡不同融资方式下的成本和风险。

研究界一般认为股权融资屈居末位，更多的原因是相对其他融资方式的成本而言，高成本主要体现在要求更高风险报酬的股利率，再者具有抵税效应的债务利息也会使得股权成本相对更高。苏冬蔚和曾海舰（2011）的研究发现，宏观经济上行时，企业优先选择股权融资，当宏观经济衰退时却优先考虑债务融资。他们进一步发现，信贷环境越宽松，公司选择股权融资的概率越高，当企业选择债务融资的可能性更大时，往往也是企业家对经济前景的信心越足的时候。

在我国企业发行上市仍需考虑到地方政府的利益、政府意见以及企业的背景，在核准制规则下国有企业上市尤其具有天生的优势，民营企业多以 PE、风险投资等形式进行权益资本融资。游家兴和刘淳（2011）突破传统对权益资本成本的考察范式，引入了非正式制度的因素，发现嵌入式的社会资本，即企业家拥有的社会资本有助于降低权益资本成本，并进一步发现在法律环境低的地区，这种关系更为显著，正面评价了我国民营企业家社会资本的积聚，对于我国民营企业的权益融资增长理论发挥了重要的积极意义。

于李胜、王艳艳和陈泽云（2008）区别于以往的研究视角，站在信息中介（审计师）的视角分析了声誉与权益资本成本间的关系。他们发现信息中介通过直接和间接两条路径来影响权益资本成本，一是直接改变企业未来的现金流预期值，二是依靠高质量的信息过滤和监督作用来降低企业的信息风险，而间接地改变投资者对未来现金流的预期，即审计师的声誉能够降低权益资本成本。在两种方式下，权益资本成本均随中介质量的提高而降低。

王雄元和张春强（2013）从象征社会资本（网络媒介）的视角出发，首先发现信用评级与中期票据的融资成本负相关，且主体评级的融资成本效应更强，其次是无论发行前主体调增评级还是在较低的评级机构声誉均会弱化信用评级对融资成本的影响效应，最后发现在主动上市的企业和国有企业中，信用评级对融资成本的作用也在减弱。

卢文彬和官峰（2014）发现媒体对 A 股上市企业发挥着企业治理和信息传播的双重作用，这有助于弥补投资者与企业间的信息不对称，媒体报道将会减少企业的权益融资成本，并在不同市场化程度的地区做了对比分析，发现媒体报道在低市场化程度下的企业对其权益融资成本作用更强。随着民营企业中投资者持股比例的增加，投资者更有动机和能力利用媒体舆论力量来约束管理层行为，媒体报道对权益资本成本的影响力也就越强，所以管理层与媒体的关系也将影响企业权益成本。

所以，站在高管社会资本的角度，本书认为企业权益资本成本的降低所依靠的主要是准确清晰的信息披露。从内部讲，企业高管自身的良好声誉以及对信息披露开放的心态，将使得投资人对企业的把握更有数；从外部讲，在企业自身没有明显瑕疵的前提下，信息披露所涉及的每一道流程控制也将会对权益资本成本产生影响，比如审计师事务所与刊登信息的媒体，企业高管如果其自身在这些领域里拥有充足的社会资本储备，也将会对企业权益资本成本的降低产生显著的效果。

## 3.4 高管社会资本背景与企业机构关系

可以看出，针对高管社会资本与企业融资而做出的研究，无论是从债务资本角度还是从权益资本角度，都有高管与融资机构的背景关系，而高管自身的这种“社会关系”资本也将在企业与融资机构的互动中被一同纳入，开始影响企业的融资与经营，并且变得越来越密不可分。

一些学者发现具有更高信用水平的中小企业，同时也具有更多的社会资本，社会资本可增强中小企业的融资信用，也提供了更好的融资环境（旭阳，2006；吴小瑾等，2007）。Bosse（2009）的研究发现，规模大的企业可以采取多种方法来解决债务双方的信息不对称问题，但是规模小的企业往往缺少机会，只能仅仅依靠社会资本。

宋增基和尚秋丽（2005）研究发现，国有股权在民营企业中的存在是一种重要的政治关联渠道，能够有助于民营企业获得银行贷款，但这种正向效应会伴随社会资本的提高与社会软环境的改善而弱化，即表现为民营企业在获得信贷资源方面对政治关联依赖的程度会降低。不同于以往对政治关联的指标定义，这里把民营企业中的国有股权作为政治关联机制。

李茜和张建君（2010）从高阶理论和制度理论出发，认为企业会根据面临的情景压力的不同，选择符合所需要的人力资本或政府资本的高管。研究发现高管在政府主导制度下的企业中人力资本差异甚小，但在提高财务风险和降低企业市场多元化程度上，国有企业高管的政治资本起到了更大的作用，这说明企业战略的最终决策者需要与企业环境相匹配，才能更好地发挥其资本的作用。

陈小林和林昕（2011）的研究发现，民营企业具有扩张自己社会关系网络的冲动，对盈余管理也更具有机会主义动机。因为法律等正式制度对民营企业的支持和保护力度不够，有别于国有企业，“关系”对于民营企业来说也更加重要。它们也愿意对“关系”进行更多的“投资”，这样在关键融资渠道的获得上，民营企业才有更大的把握从社会关系网中分得自己的筹码。

邓建平和曾勇（2011）发现在银行等金融机构有过工作经验的人员受到民营企业的追捧，常被邀请参与企业运营，甚至直接担任高管。这种紧密的银企关联关系，在很大程度上解决了银行与贷款企业互不了解的信息不对称问题，随着双方互动的加深，可以改善和加强银行与企业关系。另外，金融出身的高管团队可以为企业提供一种隐性的担保机制，作为一种背书与信用来增强企业的还贷信誉，进而降低债权人对于贷款企业会计信息的需求。

朱金鹏（2014）认为首席执行官社会资本能够缓解企业融资约束水平，为企业带来可利用的资源，在一定程度上缓解了融资压力，即解决企业融资过程中的信息不对称问题，并发现较高的社会资本水平代表着首席执行官有着丰富的从业经历，并且利用其社会关系网络的多元因素，可为企业价值创造带来稀缺资源，这有助于企业更好地识别并利用投资机会，从而选择更有针对性的融资方式。

应该说，我国尚处于经济转型、经济大变革的背景下，培育企业的创新能力是经济社会发展的重要一环。而转型经济的最大特征是制度存在不确定性，并且我国面临市场机构、透明法律、清晰规则的多重缺失，尤其我国转型所采取的是一种渐进主义的形式，首先是政府在主导推进重点项目，开发支柱型产业，若效果显现则从局部试点到普遍推广，于是在这一过程中，广泛存在制度的不确定性问题。余明桂、潘红波（2006）就曾指出，环境与制度的不确定性将令企业家更强调非正式的人际关系应用，促使他们通过社会关系网络来维持弥补制度缺失所造成的信息失衡。所以，在我国，高管社会资本将更有助于企业的业务识别和发现扩张机会，把握资源的存在性、有价性以及可传递性的能力（边燕杰，2006）。于是通过环境不确定性与高管社会资本的联合视角来考察两者对资本成本的影响，可以进一步对高管社会资本的动机与经济后果提供新的解释。

高管社会资本是企业的一种可得性资源，相较于其他的可得性资源来说，它如何通过前期获取和整合转化成为企业内部资源，并且服务于企业创新设计的途径还是个谜。也许只有明确找出企业家在社会关系网络中何处嵌入自己的专属社会资本投资，借助关系网的脉络按图索骥，才能对此问题有所揭示，但我们也要清晰地认识到，经济转型的背景下，高管社会资本依然需要额外的投入来保持它的可持续性，这些为了企业发展而追加的投入可能导致整个社会的成本增加。

综上所述，已有文献对企业或企业家社会资本影响企业经营发展、创新、融资等方面都做了较为详细的研究，但对于高管社会资本这一概念的研究较少。而对于创业板公司的融资方面，高管社会资本起着举足轻重的作用。在表面上，我们能够从现象上认清企业家或企业社会资本分别起到何种作用，但对于企业家和企业社会资本影响企业融资的途径和机制还缺乏详细、系统的研究，缺少一个比较完善的理论平台体系。我们也不能直接利用企业家社会资本的研究套路和结论直接用于高管社会资本的研究，它们之间是有差异的。除此之外，关于高管社会资本三个维度的实证研究相对就更少，本书将从这三个维度逐一展开研究，并分析其对融资成本的影响效应。更具体地，在诸如高管声誉、高管政治关联或金融关联等高管社会资本，它们是其中比较重要的部分，它们对企业融资的作用机制又是怎样的，这有待下文进一步详细研究。当现有结论不能很好解释高管社会资本与企业融资的背后机理时，它们发生相互作用时，是否会受到其他因素（如宏观经济制度）等方面的影响，这一课题仍有值得探索的理论空间。

# 4 创业板公司高管社会资本与融资成本的理论分析

## 4.1 创业板公司高管社会资本与融资成本的理论分析

事实上，从高管治理角度来考察企业融资行为并分析其对融资成本的影响，有一类企业具有更值得观察的特性，也更容易从市场中区分出来，那就是创业板的上市企业。创业板上市公司是我国自主创新能力研发的中坚力量，一般来说，它们的董事会治理有两大特色，首先是企业股东与经理管理层重合程度高，管理团队人数较少并且经验有所不足，其次是在企业处于成长生命周期的早期时，内外部环境变化快革新性强，董事会与高管之间更多的是一种合作关系，属于同甘共苦的创业伙伴，而不是成熟企业间传统的委托代理关系，所以创业板上市企业的董事会特征行为，以及对治理绩效的衡量都远不同于主板上市的大型企业。不过现有研究对于它们的组织情境关注不足，没有系统性地构建出管理层治理下的绩效衡量指标，以及相应高管社会资本对融资成本的影响。

创业板公司陷入融资困境时，需要高管积极利用自身资源，为企业获得关键资源来缓解融资压力。这里隐含的一个前提是，当企业组织资本（这里包括企业社会资本）足够好时，企业本身就是一个优质企业，投资者愿意溢价投资，债权人也愿意贷款，自身融资成本相对就比较低，因此，不存在融资困难的问题，也就不需要借助高管社会资本对融资成本的影响。

然而当创业板公司面临融资困难时，高管如何利用其社会资本来解决融资困境？利用高管社会资本时需要注意些什么问题？为了解决上述问题，本书试图探寻高管社会资本对融资成本的作用路径。

### 4.1.1 不同维度高管社会资本的理论分析

根据上文分析可知，高管社会资本分为三个维度，分别是横向高管社会资本、纵向高管社会资本和网络高管社会资本。不同维度的高管社会资本之间存在差异性，故本书分别从三个维度来分析高管社会资本对融资成本的影响效应。

4.1.1.1 第一个维度是横向高管社会资本，表现为高管与政府、金融行业、其他企业等组织联系的多样性

高管网络关系的多样性使得高管融资决策时能掌握的有用资源更广，拥有的机会更多，融资渠道也更多，可以做出最优融资决策，从而降低企业的融资成本。当面临不确定的融资环境时，高管通过建立多个与关键组织之间的联系，减少对单一重要资源的依赖等方式来转变组织的相互依赖性。如果高管无法有效地利用所需的资源，则可以通过建立与外部环境中的其他组织（比如金融行业、政府等）之间的合作关系，来降低环境中的不确定性。可见，横向高管社会资本主要通过降低融资环境中的不确定性来降低融资决策中的不确定性，从而降低融资成本。

4.1.1.2 第二个维度是纵向高管社会资本，表现了高管与政府、商会、行业等组织联系的紧密性

本书认为纵向高管社会资本可能从以下两个方面影响企业的融资成本：①信息传递方面。纵向高管社会资本的积累使投资者与被投资者的接触更为频繁，投资者对融资方的信息的掌握也更为便利，这种信息上的便利降低了投资者搜索融资方相关信息的成本，节约了交易成本，从而降低了投资者的风险，要求的必要报酬率也就降低。②加强组织的权力方面。基于资源依赖理论，“依赖”是一种相互的行为。当高管在一个组织中的身份地位较高时，他在这个组织中的影响力也就更大，从这个组织获得的融资所需的重要资源也就更多更容易。高管由于企业的资源有限，需要与控制关键资源的其他组织合作来保证资源获取的稳定性，从而使得融资决策更有效。

4.1.1.3 第三个维度是网络高管社会资本，表现为高管声誉。特别是针对创业板市场，媒体对高管的评价相对较多

考虑到现在网络媒体的覆盖面广泛，信息传播速度快，通过信号传递理论我们知道关于高管自身的报道会给高管更大的压力，以至于吸引更多的关注，自然而然地，高管在这方面做出选择时会十分谨慎，更能做出正确的融资决策。

就高管声誉而言，知名度较高的高管一般拥有专家效应和示范效应，他们的意见更具有说服力，可以通过影响其他高管的想法和判断，影响决策的过程，进而影响最终的结果。如果把高管的知名度（声誉）纳入上市公司决策过程，由于高管声誉所带来的无形压力，使得高管的融资决策更规范，自然成了控制权的一部分，则在传统权力制衡方面的研究就应该包括股东之间的声誉制衡。同时，考虑高管声誉对公司融资成本的影响时，还需要注意企业的声誉的影响。一方面，上市公司知名度越高，外界关注程度越高，逆向选择行为受到的监督越大，同样可以有效制约高管的不合规的融资行为；另一方面，上市公司声誉较好，融资相对较容易，获得的融资成本自然比较低，那么就不需要借助高管声誉来影响融资成本。

以上从高管社会资本的三个维度分别具体分析了其对公司融资成本的作用路径。在以往的学术文献中，对公司融资影响的研究主要体现在高管的政治关联和高管声誉，而对于高管的金融关联研究较少，但无论是资本市场，还是信贷市场，其都发挥了很重要的作用。下面将着重从高管社会资本中的政治关联、金融关联来具体分析它们分别对公司融资成本的作用机制。

### 4.1.2 高管的金融关联、政治关联的理论分析

根据已有文献分析，大多数学者集中于研究高管政治关联的效应和经济后果。而研究高管的金融关联的影响较少，但其对企业的融资也有较大影响，这里主要阐释高管政治关联、金融关联对融资成本的作用机制。

#### 4.1.2.1 高管的金融关联对融资成本的作用机制

在我国，债权融资是民营企业通常采用的融资方式，向银行贷款除了具备对企业自身条件的要求，还需要熟悉贷款过程中的专业知识的人才，具备金融背景的人才可以在一定程度上减少贷款过程中的不确定性。民营企业在创业板上市后，对企业高管的专业知识等综合能力也应更全面。而高管的金融关联体现的是高管与金融行业建立的关系，其对公司债务融资非常重要，且对其的影响主要是通过知识和经验的获取机制，体现为高管曾在金融行业里任职过。高管在金融行业任职过的经历，会使得其具有会计、金融等方面的专业素养以及实践经验，这些与债务融资密切相关的专业知识能够指导公司更具竞争力优势，熟练的技能帮助公司重新审视融资方案的选择，减少债务融资程序中的时间成本。例如，高管曾在银行和证券等金融行业任职，从中积累的人际交往势必能提高企业动员关系资源的能力，这会使得企业在与银行的讨价还价的过程

中有一定的优势地位。有金融关联的高管进入企业，相应地增加了企业的社会资本，个人的社会资本在企业债务融资方面也就发挥了作用。对于创业板公司而言，高管的能力在一定程度上决定了企业的发展壮大的速度，聘请具有银行、证券等金融行业工作经验的人士出任企业高管，显得很有必要。一方面他们可以在企业中充分发挥其在银行等金融机构积累的专业知识，有利于企业的具体债务融资方案的选择更可靠；另一方面他们在金融机构积累的人脉使得企业债务融资的选择上更具有主动性。

高管的金融关联是一种关系资源，基于资源依赖理论可知，高管会选择利用相关的资源帮助企业实现价值最大化，而在企业债务融资方面，自然会选择接近更为有效的金融关联。在前文建立的高管社会资本指标体系中，横向社会资本层面的金融关联，即高管具有曾经在银行、证券等金融行业工作的背景，邓建平和曾勇（2011）认为这类高管正是企业关系机制的重要体现。

#### 4.1.2.2 高管的政治关联对融资成本的作用机制

从已有文献的研究结果可以看出，社会资本对企业的经济活动，包括融资活动有着显著的影响。而政治关联是横向高管社会资本维度中重要的组成部分之一，它作为嵌入在企业与政府之间的社会关系网络中的资源，而高管是具有动员该资源能力的主体，而且能利用其对企业产生重要的影响。高管的政治关联是一种众所周知的、有效的“关系”资源，所以企业都积极与政府或官员建立关系。另外，若企业高管花费大量时间和精力建立与政府的关系，就没有精力经营公司和发展自身其他社会资本，虽然企业能够获得贷款，但付出的成本也是巨大的，融资成本也未必较低。根据上文的文献分析可知，政府关联对融资成本的影响主要表现在正面和负面两方面：

首先是正面的影响，在中国特殊的背景下，国有企业由于产权性质具有天然的优势，不仅能够获得政府的帮助，还能够通过与政府的关系解决融资。对于民营性质的创业板公司亟须建立与政府的关系，而高管的政治关联能够在一定程度上帮助企业获取政府的优惠与庇护，在融资困难时也更具主动性，若出资方出现违约现象，高管的政治关联能在一定程度上制止融资合同中违约行为的发生，高管政治关联甚至还可能通过影响法律，对合作方的违约行为警告并采用法律手段处罚，对合作方有一定的威慑作用，进而保证融资合同的有效执行。这说明，创业板公司高管若具有与政府的关联背景，融资合同的实现的可能性也会增加，合作中的违约现象也会有所减少，企业遭遇的融资障碍也会被适当消除。

高管的政治关联对公司融资成本的正面影响有两种效应：①信息效应，拥有高管政治关联的企业能够给投资者传递利好信号，投资者更愿意溢价支付，从而减少了融资成本。②资源效应，企业通过高管政治关联与政府建立了良好关系，根据社会交换理论可知，政治关联能有效地降低资源交换的不确定性，从而促进政府与企业之间的资源交换。企业获得政府的庇护，获得更多政府补贴、优惠政策等资源和贷款，从而缓解了融资压力，这也在一定程度上说明：在同等条件下，有政治关联其融资成本低。

高管的政治关联对公司融资成本的负面影响，若高管为了建立政治关联，花费了更多时间和精力，甚至花大量财务费用去维持关系，这会导致企业增加不必要的成本，从而不能降低企业的融资成本，甚至会导致获得的资源浪费，效率低下的后果。这是由于高管政治关联生产方式的错误，没有考虑成本收益原则从而导致对其融资成本的消极作用。

因此，高管的政治关联对公司融资有积极作用也有消极作用。这两种作用对创业板公司融资成本方面哪一种会起到主要作用？是否会根据其他因素的影响而发生变化？本书基于高管政治关联的两种影响效应，分析其对债务融资成本和权益融资成本的影响，并在后文分别做深入研究。

由以上分析可以看出，高管的金融关联通过知识和经验的获取机制影响公司融资成本。高管的政治关联通过信息效应和资源效应等机制影响公司融资成本。应该说，横向高管社会资本能够对公司融资成本产生影响。然而，高管政治关联的贡献不都是积极的，它也有消极的一面，如有建立政治关联动机时，花费大量精力谋取自身利益，不能实现企业的利益最大化，其对公司融资成本的贡献就是负面的。因而，上述介绍的高管金融关联对公司融资有积极作用，而高管政治关联，对公司融资成本的影响既有积极的一面也有消极的一面。

## 4.2 微观变量的理论分析

高管社会资本在作用于公司融资成本中，会受到微观因素的影响，而这些微观约束因素主要包括三个方面：国有股权、银企关系和信息披露质量。

### 4.2.1 国有股权的理论分析

从高管政治关联对企业融资的影响来说，具体指高管与政府建立的关系所带给企业融资方面的影响。而创业板公司绝大部分是民营公司，虽然公司因产权性质不如国有企业受到政府的庇护，但创业板公司的国有股权却在一定程度上反映了政府对企业的影响作用，体现了政府对企业控制力的影响力。高管政治关联作用于创业板公司融资决策的原理，其间必然要受到国有股权的影响和约束。

国有股具体是指有权以国有资产投资所形成的股份，这部分股份在一定程度上代表国家投资部门对公司的支持态度。国有股在一般理论意义上的终极所有者应该是我国全体公民，但由于其概念的整体抽象性而无法落实到具体的自然人身上，缺乏有效的监督。这导致创业板公司缺失国有股部分的有效持股主体，国有股份这部分的出资权利只能通过由政府官员代为行使代理关系得以解决，这就形成了其与政府密不可分的内在联系。

虽然创业板公司绝大多数为民营企业，但其中拥有国有股份的企业不在少数，那么对于国有股权占比较高的创业板公司来说，既具有民营企业的性质，又具有国有企业的性质，双重属性必然会导致其受政府保护程度不一样的效果。相对于国有股权占比低的创业板公司，国有股权占比较高的偏向于国有性质，相对会享受到政府带来的更多优惠政策、融资便利、更低的融资成本等好处。对于高管政治关联来说，在国有股权更高的创业板公司中，其对公司融资成本的影响将会受到约束。由此可见，在创业板公司中，国有股权的存在使得其享有政府所带来声誉担保作用。一方面创业板公司可享有国有股权带来的产权保护、资金获取能力以及多元化投资等便利。特别是当创业板公司出现经营困难时，国有股权的代理人若能很好了解公司的发展前景和理解其所处的困境，则会利用政治权力保护国有资产而减少公司的经济损失，甚至可能会为了企业正常经营而采用行政手段。另一方面，政府作为创业公司的投资者，高管若与政府关系密切，很可能充当企业与政府的关系的桥梁。创业板公司可以通过国有股东、董事会等渠道，与政府建立关系，构建企业声誉机制。

我国产权制度的改革，国有股份不同的创业板公司受到政府的影响也会有所差异，而高管政治关联是高管通过与政府的关联建立的，其势必会因国有股份的份额不同而有所变化。在创业板公司中具有较高国有股份比例的公司，相对于国有股份较低的公司而言，它们相当于具有产权性质，高管若具有政治关联会因此受到政府的行政约束；反之，高管的政治关联受政府干预的影响程度会有所较少，相应地受到政府支持的力度也会减弱，从而导致高管的政治关联在融资效应中的贡献度低。综上所述，本书认为对于创业板公司而言，基于不同国有股权背景，高管的政治关联对公司融资效应的作用机制也会有所差异。

### 4.2.2 银企关系的理论分析

分析高管的金融关联时，自然不能忽略银企关系，因为银企关系的紧密度可能会影响高管金融关联的产出方式，而高管的金融关联也会影响银企关系，从而高管的金融关联作用于债务融资会受到银企关系的影响。

银企关系对债务融资的影响机制主要表现在以下两方面：①银企关系是一种声誉与隐性担保机制。Ongena 和 Smith（2000）认为由于中小企业内部信息透明度较低，银行与企业之间常常会产生严重的信息不对称问题，因此需要银行与企业保持长期密切的联系，形成“超出一般简单的、匿名的金融交易之外的一种特殊的关系”。②银企关系是一种沟通机制。银企关系有助于企业与外界加强沟通，使得银行等贷款机构可了解企业真实的经营信息，这也有利于降低贷款银行对于企业会计信息的依赖性。

企业与银行的关系越好，越能给高管的金融关联提供好的环境，越容易与银行建立和维持关系。同样，高管与某银行关系较好时，融资决策时也更容易考虑向该银行贷款融资，促进了银企关系的建立。可见，银企关系和高管金融关联都对企业融资有影响，且两者之间有着紧密的关系，那么银企关系会影响高管金融关联对企业融资的影响机制，主要表现在两个方面。

一方面，银企关系在一些情况下可以看作抵押品的替代，特别对于抵押资产很少或轻资产的一些企业，有助于减少他们向银行贷款时条件不符的不利因素（iDamond，1991）。银企关系替代机制的作用，企业聘请高管时更倾向于有金融关联的人员，帮助企业获得更宽松的贷款条件。

另一方面，银企关系的存在，能够使银行等贷款机构更加了解与掌握企业的内部信息（青木昌彦，2001），并能够提供监督作为债务方企业的有效桥梁（Korszner and strahan，2001；Bydrand Mizurehi，2005；苏灵等，2011）。

因此，创业板公司除了需要聘请具有金融关联的人员来担任高管外，还需要与银行等贷款机构保持良好的关系，一方面减少贷款双方的信息不对称问题，另一方面替代抵押品在贷款中的作用。高管的金融关联和银企关系对债务融资都有好处，同时需要注意，在不同的银企关系强度背景下，向银行等贷款机构借款时，公司高管金融关联对债务融资的影响会有所变化而呈现出差异性。

### 4.2.3 信息披露质量的理论分析

在资本市场上，上市公司的信息披露水平是一个很重要的信息，它在某种层面上代替了企业社会资本中的声誉部分。在考虑高管社会资本的融资效应时，首先需要考虑的一个问题是企业社会资本（属于企业的组织资本范畴），当企业本身社会资本较高，其信息披露质量水平也较高时，被投资者识别为优质企业较为容易，企业融资自然相对容易，也就不存在融资困难的问题。

信息披露质量水平和高管声誉都能够帮助投资者对企业产生信任感，但从目前来看，在资本市场上的创业板块，投资者甚为关心其公司状况，监管机构也对其披露的信息质量进行积极的客观评价，并将最终评价结果在深交所公布，以便投资者参考，这能够给处于信息劣势的投资者在判断企业价值时提供一定的帮助。信息披露质量是经过资本市场上的监管机构[①]按照一定的规则和规范要求客观评价的，具有更高的信任度。有些公司对于其信息披露质量的工作不重视，再加上缺乏经验导致其信息披露质量较低，从而使投资者对这类企业缺乏投资信心。此时，董事会秘书主要负责信息披露事项，其社会资本水平越高，在一定程度上越能帮助公司完善企业组织资本，使得信息披露水平更接近企业的真实情况，优质企业在高管社会资本的作用下更容易取得投资者的信任，从而降低投资者的风险。

因此，本书认为，在不同的信息披露水平下，高管社会资本对公司权益融资成本的影响效应是有差异的。

## 4.3 宏观变量的理论分析

无论是企业还是企业高管所有的活动都发生于特定的外部环境之中，特别是企业的融资活动，还需要依赖于外部的资源，而企业高管社会资本的建立与积累也是受外部环境的影响。那么，讨论高管社会资本影响公司融资成本时，还需要考虑宏观约束因素（制度环境）的影响。

国外学者关于非正式制度的研究常常涉及社会资本的概念。非正式制度在制度缺失的情况下有时将其替代，但它们之间并非简单的替代关系，它们都有

① 这里讨论创业板上市公司，主要依据深交所的评价。

降低人与人相互交流的成本的能力（North，1990）。而社会资本却能在一定程度上影响人们之间的交流。Maceil（1974）研究发现交易治理机制能够对关系契约起到作用，这说明交易治理机制能够减少风险的不确定性和信息不对称，对法律这类正式制度有一定的互补作用。由此看来，在缺乏正式制度性支持（institutional supports）的情况下，社会关系等非正式制度有时可以替代缺失的机制，有时却只能作为其补充部分，但无论是何种作用其企业都可以通过它来降低交易成本和其运行的不确定性。一般而言，市场交易的成本和合约的签订与一个地区市场发育程度密切相关，市场发展得越好，市场竞争越完全，越能够自主形成合理的价格机制，整个环境的资源配置也更加合理化。然而，公司高管在创业板公司中的地位，对公司的正常运行起着决定性的作用。公司高管要想企业发展壮大，就需要考虑市场等外部环境的影响，相应地，其社会资本发挥的作用也会受到市场等外部因素的影响。例如，高冰（2013）的研究发现，国有企业的融资能力能够因高管的政治声誉的存在而提升，并进一步发现，政府对市场干预低的地区，政治声誉的融资效应在减弱。具体表现为：随着所处地的政府干预指数的增大，国有企业高管政治声誉对企业融资能力的正向影响作用在减少。

基于以上分析，在制度环境尚不完善时期，相对于国有企业而言，民营企业处于不利的地位，主要表现在资源获取途径。创业板上市企业一方面可以靠自身的优质资源积极成长发展，另一方面则需要依赖高管利用自身的政治关联、金融关联等社会资本，从而增强企业融资能力。那么，处于不同制度环境下，高管社会资本帮助企业获取资源的能力会受到一定的影响。在转轨经济社会中，高管社会资本作为正式制度的替代，不仅能够提高企业受法律保护的力度，还可降低与借款银行间的不确定性。这都有利于实现企业的银行融资绩效。例如，Li，Meng，Wang 和 Zhou（2008）的研究发现，在中国的特殊背景下，在控制人力资本和其他相关因素对企业绩效的影响后，私营企业家的党员身份仍能够正向对之发生作用。尤其在法律保护、市场制度不完善的地区，更需要其对企业绩效的提升，说明党员身份在该地区发挥的作用更大。在弱制度环境下，高管的政治联系在其中发挥很大的作用，一方面体现为企业融资能力的提高，另一方面提高了法律对企业的保护力度和自身的信誉，进而实现企业绩效的提高。

随着学者们对宏观环境的研究的增多，不少学者们都认同制度环境的差异会影响企业对政治关系的依赖程度。尤其对于民营企业而言，当处于法律体系不完善、金融发展落后等地区或国家时，对与政府建立良好关系的诉求更迫切（Chen，Li & Su，2005；Li，Meng & Zhang，2006；Faccio，2006）。这说明在制度环境较好的地区，市场上交易更自由，竞争也更完全，信息更充分，优秀的民营企业可以凭自身实力获取银行的信用；反之，市场化的原则不能保证民营企业有获取稀缺资源的机会，只有按照该市场认同的规则来操作（“软”的政治关系）。

社会资本有宏观和微观两个层面的定义，在宏观层面上它主要表现为一个地区的信任水平。信任水平高的地区往往集体间更容易信任对方，若违约行为出现在高信任地区的人或企业当中，其会因集体约定俗成的处罚规则而让其付出巨大的代价（张维迎，2002）。反之，某个地区一旦发生了缺乏相互信任的现象，这种负面效应给人们留下的记忆是远超于好印象的效应。比如前几年发生的青岛的“烤虾事件”，给人带来不好的印象并使得并未去过的游客产生同感。所以，当处于在信任水平较高的地区，融资的一方未必需要有足够的担保或抵押品才能贷款，宏观方面的社会资本会在一定程度上充当着声誉机制，这说明大环境的信任度为企业融资提供了便利。在社会资本高的地区，企业间的关系网络有利于信任关系的建立，大家都遵守诺言（Guiso et al.，2004）。因此，社会资本会受到地区信任度的影响，企业可以通过利用其建立的信任机制以获取更多的融资机会。

综上所述，高管根据自己所能利用的各项资源，用以降低公司融资成本，在这个过程中，制度环境，如货币政策、法律制度、政府干预、金融市场化程度、金融行业竞争程度以及社会信任度都会施以影响。因此，本书认为，在不同的制度环境下，高管社会资本对公司融资成本的影响效应也不同。

# 5 创业板公司高管社会资本与债务融资成本

## 5.1 引言

我国企业选择融资渠道主要是债务融资，而非股权融资，大多数债权人认为配股和增发是不好的信号。债务融资存在于信贷市场，市场以资金的合理配置为发展趋向。在信贷市场中，对以银行等金融行业为代表的出资者而言，希望选取更优质的企业作为贷款对象，有利于资金的优化配置，然而贷款方和借款方在信贷市场上的信息不完全，使得双方因信息不对称而产生信贷错配风险。能按约定时间还清贷款，实现资金的最大收益是出款方所希望达到的目标。相对地，期望借款资金能够按期或延期低成本地偿还，在可以避免不必要的破产风险前提下，能够使得资金利用率提升，扩大财务杠杆让贷款成本（利率）最低是贷款需求者的目标。信贷市场的竞争和贷款供需双方目标的差异性，为信贷供需双方的融资方案提供了一定的博弈空间（李志军、王善平，2011）。诸多国内学者都曾把目光聚焦于研究债务融资的规模和比例、期限结构、担保等问题（Brandt & Li，2003；江伟、李斌，2006；余明桂、潘红波，2008；沈艺峰，2009；叶康涛等，2010；沈红波等，2011）。事实上，债务融资成本不仅表明的是企业在信贷活动中所承担的债务代价，还侧面反映出企业在某一时期获得外部债务融资的难易和紧迫程度，债务融资成本也是一个值得关注的维度。考虑到债务融资的普遍性，对债务融资成本进行深入考察，无疑具有重要的理论与现实意义。

除此之外，考虑到信息不对称是导致信贷市场出现信贷错配的主要原因，国外学者有观点认为监管机构有义务制定企业信息披露制度，以此保护资金市场和国民经济的健康发展，并实施保护处于信息劣势的相关银行的合法权益。(Jaffee & Russell，1976；Stiglitz & Weiss，1981)，也有学者研究发现强化信息透明度不仅可以缓解融资压力，而且能够降低企业的借款成本（Sengupta，1998；张纯、吕伟，2007）。也有较少学者发现信息质量对借款利率的关系的影响甚微（胡奕明、唐松莲，2007；陆正飞，2008）。导致这一现象的主要原因是借款利率的口径不一致，一部分学者采用资产负债率来代替，另一部分学者采用调整后的利息比例来代替，所以会出现研究结果的不一致。加强信息的透明度需要额外的成本，若在高管已经拥有社会资本这一资源的基础上，从信息传递的角度分析，高管社会资本这类“软”信息相对机会成本更低，高管也更容易获得有用信息，也能够解决与投资者间的信息不对称问题。

基于上述因素，以我国现有的金融市场结构与成熟程度、货币政策及对经济增长和企业融资需求的影响等为背景，从债务融资成本来着重研究高管社会资本对企业债务融资成本的影响机理，分析出债务融资成本主要受哪一种高管社会资本关系的影响，进而也可考察宏观环境下货币政策的信贷传导效率导致高管社会资本融资效应的差异，具有很强的理论意义和现实价值。

大多数学者集中于研究企业社会资本或企业家社会资本，普遍认同它们对企业的融资绩效都有积极作用的这一观点。例如 Newman，Guariglia 和 Jun（2010）研究了中国中小企业对社会资本的维护与企业负债之间的关系，发现企业在社会资本的建立和维护方面投入的资源与企业的短期负债杠杆正相关，认为企业社会资本与投资者建立关系的早期成型非常重要。他们还发现，在短期贷款中还可以选择社会资本作为贷款抵押，产生了替代资产的作用。不少学者对社会资本的研究多处于静态，而 Batjagal 和 liu（2004）采用中国企业的时间序列数据，从风险投资家的角度出发分析投资者与企业家之间的社会资本，着重研究了企业不同的发展阶段，社会资本在不同条件和情景里所起到的作用是否发生变化。研究发现，在中国风险投资不完善的法律环境下，私人或者特殊的渠道往往被风投参与者采用，企业家社会资本能够有效影响风险投资者的决策，为其降低投资中的不确定性风险。因此，在中国情景下研究高管社会资本对融资决策有重要的影响，必须基于制度环境下来研究分析此问题。本书试图引入高管社会资本非正式制度以及环境制度这两方面的因素，基于中国的现实背景，来考察二者对公司债务融资成本的影响。

债权人将贷款放出去时面临的主要风险是借款人信用风险，有多种因素会影响贷款利息和本金的及时收回，而债务人的偿债能力、最优先还款来源是债权人放贷时首先必须要考虑的问题（孙铮等，2006）。企业的经营成果决定了放款的条件，但是考察企业的经营状况也存在一定的问题和不足：一般用会计信息作为公司经营成果的考察范围，但会计信息是对过去信息的记录，其只能呈现企业过去的经营状态，不能对企业未来的经营发展状况做出准确的预测，再加上会计信息具有货币计量的特性，使得非货币化信息无法得到全部有效的利用，而预测企业未来偿债能力时却需要借助这些信息（潘克勤，2009）。所以从高管社会资本的视角出发，更容易分析出创业板上市公司融资对其的依赖程度。

根据以往学者对我国企业进行的大量问卷调查所获得的数据可知，我国企业主要的资金来源是银行短期借款（约占 50%）、商业信用（约占 30%）。我国债务融资市场以银行为核心主导，由于长期项目在银行内部有着严格的审批流程，因此企业长期债务的选择受到了明显的环境约束，银行的短期借款、票据等成为企业在债务市场的主要使用品种，这也就是为什么我国企业普遍重视与银行关系的原因：通过重视“关系效用”，以求为企业带来经济效益。齐寅峰等（2005）通过调查问卷发现，我国企业在进行融资时，主要考虑的关系是与银行的关系，与关联企业的关系，与政府的关系。由此可见，社会关系深嵌我国企业的融资行为之中。于是，我们可设想以“社会关系”为主要研究内容的社会资本能深刻影响提高企业的债务融资能力，且其中应该有一种具有规律性的作用机制有待发现。

区别于以往的研究，本书的贡献主要体现在两方面：①尚无专门基于创业板公司高管社会资本对债务融资的影响的文献。②从微观视角出发，基于宏观环境下考虑不同类型高管社会资本以及相互间发挥债务融资作用的机理，这为债务融资提供了新的研究视角。

本章主要分析高管社会资本与企业债务融资成本之间的关系，强调的是高管利用其自身社会资本的特性对实现企业目标的促进作用，体现出高管社会资本是高管通过自身对社会资源获取的一种能力。本章的其余部分安排如下：第二节为理论分析与研究假设的推导；第三节为研究设计和变量说明；第四节为实证结果分析；第五节为稳健性分析；第六节为研究结论。

## 5.2　理论分析和研究假设

高管社会资本是在社会网络关系的互动活动中，基于信任合作而产生的，逐渐积累的被其他组织或个人信任，并能够利用这种信任关系带来收益的能力。高管社会资本无论对于高管自身还是公司都是很重要的，尤其是在中国的创业板公司中，高管在其中的地位是不容忽视的。高管社会资本能够在一定程度上有利于降低公司与债权人的信息不对称程度，提高公司的融资能力，最终对公司融资成本产生作用。我国金融市场制度不完善、融资渠道不畅通以及资源配置效率不足等问题，使得有限的信贷资源弥足珍贵，从而导致公司融资难问题越发突出（李广子等，2009，魏志华，2012）。大多数创业板公司为民营企业，不具备国有企业的金融资源垄断优势，自身的信贷资源空间有限，以至于创业板公司不得不依靠高管社会资本来解决高昂的融资成本问题。所以，我们预期在创业板公司中，债务融资问题的解决越容易依靠高管社会资本，即高管社会资本越高，公司债务融资成本也就越低。

### 5.2.1　不同维度高管社会资本的影响效应

本书旨在基于高管社会资本的视角对中国创业板上市公司的融资成本进行考察，从而为债务融资成本影响因素的研究文献提供新的证据。虽然大样本的实证研究能够对理论假设进行科学的统计检验，但迄今，国内外学者对于高管社会资本各个维度对企业债务融资的作用机制的研究甚少。

前文已经对高管社会资本进行分类，本书首先从三个维度来进行考察：第一个维度是横向高管社会资本，表现为高管网络关系的多样性。根据资源依赖理论，高管网络关系的多样性使得高管更能熟悉与银行相关的有用信息，充分利用自身的金融关联，做出最优融资决策，从而降低企业的债务融资成本。第二个维度是纵向高管社会资本，体现了高管关系网络的紧密度，尤其是在信息方面，由替代融资和信号传递理论分析，纵向高管社会资本的积累使投资者与借款方的接触更为频繁，贷款人对借款人信息的掌握也更为便利，这种信息上的便利降低了贷款人搜索借款人相关信息的成本，能够更有效掌握借款人能否按期偿还借款的状况，从而降低了投资者的风险。故本书认为高管纵向社会资本可从以下三个方面影响企业的债务融资：①纵向高管社会资本是一种关系资源。众所周知，中国社会是一个讲人情世故的社会，是一种关系型社会，关系在中国是一种重要资源。已有研究表明，各种关系机制有助于企业获得行业准入、贷款融资、税收优惠、监管规避等众多好处。②纵向高管社会资本水平高的企业，倾向于向银行等金融机构贷款，因为债务融资不仅可以避税，还可以节约交易成本。③网络高管社会资本体现于媒体产生的效应，特别针对新兴市场，媒体报道影响更为广泛。考虑到现在网络媒体的覆盖面广泛，信息传播速度快，通过信号传递理论我们知道关于高管自身的报道会给高管更大的压力，以至于有更多的关注，自然而然地，高管在这方面做出选择时会十分谨慎，更能做出正确的融资决策。第三个维度是网络高管社会资本，表现为高管声誉。特别是针对创业板市场，媒体对高管的评价相对较多，这会给高管更大的压力，使高管在做出相关决策时会十分谨慎。

创业板高管的纵向社会资本表示高管与政府、行业等组织联系的紧密性，体现在以下三个方面的收益：一是可以获得较低成本的贷款；二是长期客户需要提供较少的担保；三是在发生资金紧张时，更有可能重新和长期客户谈判贷款条件。根据以上分析可知，纵向高管社会资本是能够缓解债务融资压力的（Bai et al.，2006）。

一般情况下，银行在放贷前一般会对借款人的财务状况、品德、抵押担保能力以及企业经营状况等进行严格的审核，这无疑会导致借贷双方交易成本的产生。根据上文分析，若通过高管网络关系、声誉以及信任等社会资本获得债务融资，其操作程序则相对简便很多，契约内容会大大简化而变得实用，从而降低企业的债务融资成本。在债权人能够关注到高管声誉的前提下，高管声誉在一定程度上可以作为其能力的信号：一方面高管声誉效应可以降低债权人与债务人双方的交易成本和信息不对称；另一方面高管声誉能够作为隐性激励，促使高管可提高企业的运营效率，做出优化的融资决策，使得自身与企业达到双赢的效果。基于上述理论分析，可以推断出，网络高管社会资本不仅仅是高管声誉机制的体现，更能够对融资有信号传递的效果，从而能降低其交易成本。

根据前文分析，现提出以下四个研究假设：

假设 H1-1：基于其他条件不变的前提下，高管社会资本水平越高，债务融资成本越低，且不同类型的高管社会资本对债务融资的影响可能有所差异。

假设 H1-2：基于其他条件不变的前提下，高管横向社会资本水平越高，债务融资成本越低。

假设 H1-3：基于其他条件不变的前提下，高管纵向社会资本水平越高，债务融资成本越低。

假设 H1-4：基于其他条件不变的前提下，高管网络社会资本水平越高，债务融资成本越低。

### 5.2.2 高管政治关联对债务融资的影响效应

在高管社会资本中，考察其对公司债务融资的影响作用，除了从三个维度进行分析，更具体地，还应该深入分析研究对公司融资具有重要影响的高管政治关联和金融关联两个方面。

从已有文献的研究结果可以看出，企业的经济活动，包括融资活动都与社会资本的效用发挥有着明显的关联。政治关联是横向高管社会资本维度重要的组成部分之一，它嵌入在企业与政府社会关系网络之间，政企高管是具有动员该资源能力的主体节点，能利用其对企业产生重要的影响。譬如在发展中国家，有政治关系的公司所支付的有效税率显著低于没有政治关系的公司（Adhikari，2006；Faccio，2007）。这一结果说明，政治关系有助于企业获得税收优惠。对处于财务困境的民营企业来说，它们依靠政治关系能够拿到更多的政府补助（潘越等，2009）。这说明公司高管与政府若有联系，会获得更多债务融资方面的优惠。

进一步分析，有政治关联的民营企业首先可以面临更少的外部融资约束，更容易取得银行借款（罗党论、题丽明，2008）。其次对于民营企业而言，与非政治关联公司相比，政治关联企业的贷款融资中，会计信息的作用相对较小（潘克勤，2009），我们判断为大多数为民营性质创业板公司，高管政治关联在一定程度上能够为其贷款融资起到一定的隐性担保作用。Jiang（2009）认为中国有政治联系的公司能在一定条件下降低银行风险，承认政治联系给公司带来的便利。于是，我们预期在中国的特殊背景下，高管政治联系敏感度较高，企业的贷款多出现在具有政治联系的公司，高管政治关联能够大大降低借款成本。蔡增仲（2011）发现民营 EPC 建筑企业中的政治关系背后的经济动力有助于消除国有金融体系的“所有制歧视”，从而更容易获得短期贷款，缓解融资压力，降低债务融资成本。综合上文分析，这表明在同等条件下，高管政治关联能获得更多贷款，也是债务融资成本低的表现，故提出假设 H2-1。

上文虽已分析了高管政治联系与银行融资的关系，对于嵌入各种社会关系网络中的高管，对公司融资过程是否还受其他类型的社会资本影响？换言之，在政治联系与银行融资的关系中，是否还存在其他类型的社会资本作为中介变量或调节变量？根据上文对高管社会资本的指标设计可以看到，横向高管社会资本的政治关联与纵向高管社会资本的政治身份两者都是表现高管与政府的关系，对于这两个维度的高管社会资本而言，一个表示曾经在政府任职，另一个表示现在在政府中所任职务，两者从不同时间维度测量了高管与政府联系的紧密度。虽没有文献研究两者相互关系对债务融资成本的影响效应，但基于以往对政治关联作用的研究文献可知，基于信号传递理论，不同空间维度传递同一类型的信号，相互佐证，给投资者传递的信号更为可靠，降低了贷款人的搜索成本，这说明交互项是能够促进其对债务融资成本的影响。另外，高管拥有更多与政府相关的联系，使得其优先获得更多垄断信息、优惠政策等，从而更能为企业所用，做出正确的融资决策，帮助其降低融资成本。因此，本书认为政治身份和政治关联不仅都能降低融资成本，且相互影响能够加强这种正向效应。根据以上分析，提出假设 H2-2。

已经有很多学者在研究政治关联的相关问题，研究主要集中于政治关联与企业业绩、多元化、融资约束、投融资决策等方面，而融资成本是融资决策首先考虑的问题，但这一方面的研究较少。再加上中小企业社会资本的数据获取的难度较大，与融资相关的社会资本的实证研究较为缺乏。而现有的实证研究，多数只考察了高管是否具有政治联系，是否与银行有良好关系的单一融资效应，而没有将高管社会资本与企业股东性质相互的影响作用联系起来，比如若企业本身就偏向国有化，那么高管就会更容易获得与政府的联系，两者加强的作用会使得对债务融资的影响更大。此外，我们还需要考虑创业板上市公司中国有股的存在，高管政治关联在企业融资中的作用是否受其影响。

前文已分析了国有股在民营企业中的作用，并认为国有股的存在也会影响高管社会资本对债务融资的影响。本书认为，具有民营性质的创业板公司与政府建立关系可通过两条路径，一是国有股权，二是高管政治关联。国有股权建立起的关系所起的作用可能远超高管政治关联的作用，而且两者的相互作用应该会使得对债务融资成本的影响更大。现阶段研究拥有国有股份的民营企业的融资问题较少，多数集中于研究国有企业，例如高冰（2013）通过以国有控股企业为研究对象，发现国有企业高管的政治声誉对企业融资能力有正向的影响，并进一步发现相对于政府对市场干预低的地区，政治声誉的融资效应在减弱。具体表现为：随着所处地的政府干预指数的增大，国有企业高管政治声誉对企业融资能力的正向影响作用在减少。

国有股权与民营企业家参政影响企业融资方面在一定条件下有替代关系（宋增基，2014）。这主要是由于一方面民营企业家可以通过参政来帮助企业获得银行的信贷支持（胡旭阳，2006；吴文锋等，2008）。另一方面，民营企业可以通过引入或保留国有股权与政府联系。在创业板上市公司，民营股权和国有股权这种混合的产权模式所产生的“共生关系”效应，在制度层面可能比高管们自身的政治身份和政治关系所建立的政治联系所产生的声誉效果更能被社会认同，并且所获得的社会资源更多。因此，与创业板上市公司高管个人层面上的政治关联相比较，企业通过国有股权建立的这种联系是一种更为直接的政治关联。金融机构及政府职能部门在与这类企业打交道的过程中，心理上可能更放心，行为上可能更加大胆。根据以上分析，当企业含有国有股权时，企业利用国有股权的影响，更容易获取贷款和享有政策优惠，从而公司对企业家政治关联的依赖程度降低。反之，缺少国有股权的企业就损失了融资便利，亟须寻求或开发其他途径来解决企业融资难题，则民营企业会依赖于企业家参政所增加的获取银行贷款的能力。企业的国有股权与民营企业家政治关联都能给企业提供一定的融资便利，两者对融资的作用可能会存在相互替代的关系。综上所述，我们提出假设：在其他条件不变的前提下，国有股权与高管政治关联在影响企业债务融资成本方面存在一定的替代关系。根据以上分析，提出以下三个假设：

假设 H2-1：基于其他条件不变的前提下，高管的政治关联能缓解企业债务融资压力，从而降低债务融资成本。

假设 H2-2：在高管的社会资本中，政治身份与政治关系均能够降低债务融资成本，并且相互作用能够促进这种效应的产生。

假设 H2-3：基于其他条件不变的前提下，高管的政治关联与国有股权在影响企业债务融资成本方面存在一定的替代关系。

### 5.2.3 高管金融关联对债务融资的影响效应

为进一步分析高管政治关联与金融关联的融资效应，本书分别将国有股份和企业的银企关系相联系，考虑两者交互作用对债务融资的作用机理。在转轨经济社会中，企业政治联系作为正式制度的替代，可降低银行风险、提高企业受法律保护的程度和信任度，从而有利于企业提高银行融资绩效。

近年来，已有不少学者从政治关联的角度研究了高管的社会资本在债务融资中的作用，而关于横向高管社会资本组成部分的金融关联，其对企业债务融资成本的研究却寥寥无几，一些学者也是在研究政治关联时涉及金融关联的作用研究。例如，邓建平（2011）发现存在政治关联的企业中，金融关联在降低会计信息债务融资中的作用可能较弱，从而对债务融资的影响甚微；相反，不存在政治关联的企业中，金融关联在降低会计信息债务融资中的作用可能较强。这也从侧面证明了高管的金融关联确实是能够降低债务融资成本的。众所周知，中国社会是一种关系型社会，无论何种关系在中国都可视作一种潜在资源。

通过会计信息角度分析金融关联对企业融资的影响机制主要体现在三个方面：①金融关联是一种关系资源。基于资源依赖理论可知，高管会选择利用相关的资源帮助企业实现价值最大化，而在企业债务融资方面，自然会选择接近更为有效的金融关联。企业通过聘请现在（或曾经）在银行工作的人员担任企业高级管理人员正是关系机制的重要体现（邓建平和曾勇，2011）。金融关联的基本特点是企业与银行直接建立了紧密的对接联系，这种与借款方维持紧密关系的机制势必会影响银行放贷决策，从而导致贷款银行更容易忽略企业的会计信息，减弱了两者间的相关关系。②金融关联是一种声誉与隐性担保机制。特别在转型经济中，民营企业需要借助于外力来获取金融资源的支持，金融关联在信息不对称的环境下充当企业有效的评估与担保机制，所以从根源上来说民营企业的融资困难主要是因为信用问题（张杰，2000）。③金融关联是一种沟通机制。金融关联有助于企业与外界加强沟通，使得银行等贷款机构能了解企业真实的经营信息，这也有利于降低贷款银行对于企业会计信息的依赖性。

在不同银企关系数量水平下，高管的金融关联对债务融资的作用是有差异的。对于高管的金融关联，本书认为高管的金融关联主要是基于信息不对称理论和对自身专业知识依赖两方面对债务融资起作用的，而银企关系反映银行与企业间的联系，它能增加双方的信任，减少一些不必要的交易成本，从而帮助企业解决融资困境，达到降低债务融资成本的效果。从信号传递的角度来说，两种信息能够互补，能够取得贷款人对企业的信任，促进金融资金的取得。故本书预期银企关系多的企业中，高管金融关联对债务融资成本的作用会更大。

根据以往的文献可知高管社会资本与企业机构的关系，特别是对于债务融资来说，银行与企业的关系显得尤为重要。若企业有银行背景持股，且为十大股东之一，当企业面临融资危机时，银行会有意愿做出一系列措施帮助企业渡过难关。那么，相对于没有银行机构为十大股东的创业板公司而言，企业更迫切依赖于高管社会资本的功效。所以我们认为公司股东若具有银行背景时，高管社会资本对公司融资成本的影响会有所差异。一方面，从资源依赖理论来看，若高管自身社会资本水平较高，可以用的资源较多，高管会根据需要选择更为有效的资源，两者之间存在互补关系，则交互项未必能加强高管金融关联的债务融资效应。另一方面，从信号传递的角度分析，银行股东背景和高管金融关联同时存在，双方的信息不对称问题出现的概率更低，会使得企业与银行的信任度更高，两者的交互作用能够增强高管金融关联对债务融资成本的作用。所以，本书可以合理地预期，高管的金融关联与银行股东背景的交互作用能够影响债务融资，且在银企关系更多的企业中，这种现象仍然存在。根据以上分析，提出以下四个假设：

假设 H3-1：基于其他条件不变的前提下，高管金融关联度越高，公司债务融资成本越低。

假设 H3-2：相对于银企关系更少的公司，具有更多银企关系的公司中，高管金融关联对债务融资的影响作用更强。

假设 H3-3：基于其他条件不变的前提下，高管的金融关联与银行股东背景的交互作用能够影响债务融资。

假设 H3-4：基于其他条件不变的前提下，具有更多银企关系的公司中，高管的金融关联与银行股东背景的交互作用能够影响债务融资。

### 5.2.4 制度环境的调节作用

无论是高管社会资本的形成需要依赖外界的资源，还是企业发展要与外界保持联系，企业和高管的一切活动都是在特定的社会环境中发生的。如前所述，高管金融关联和高管政治关联属于不同性质的社会资本，建立动机不一致可能会导致受环境因素的影响有差异。由此可见，在不同制度背景下研究高管政治关联对企业债务融资究竟是一种积极作用，还是一种消极因素，需要进一步检验。

North（1990）认为非正式制度是不可任意替换的，正式和非正式约束同样可以起到减少人们交流成本的作用，非正式制度并不是正式规则的附庸。在缺乏正式制度性支持的情况下，管理者通常会通过其社会关系寻求非正式的制度性支持，以降低其企业的运行风险和交易成本。传统文化习惯和转型时期的制度环境，都会使得中国企业更倾向于建立基于管理者个人信任的“人脉”关系网，这些关系网络有利于资源的获取和取得政府支持（Peng & Luo,

2000)。由于我国创业板上市企业发展的时间并不长，对创业板的研究也相对较少，我们很难从制度环境的纵向变化中获取长期数据。但是，我国地方政府的分权式治理模式使得地方政府之间存在着经济上的竞争关系，政府依靠对制度环境的改善来激励企业，企业间的市场竞争反映在政府层面则成了制度间的竞争（Tan，2007）。所以地区产权保护、金融市场和经济发展程度不平衡，不同地域和省份的制度环境有着显著的差异。我们利用这种地区间的横向差异，可以模拟反映出制度环境由差变好的历史过程。

相对于国有企业，作为民营性质的创业板上市企业在资源获取途径上处于劣势地位，创业板上市企业的高管更倾向于利用自身的社会网络关系、政治关联、金融关联来做出融资决策。不少学者从不同的制度环境研究社会资本的功效。例如 Bai et al.（2006）的研究表明，在中国对民营企业产权保护不力、民企融资困难的制度背景下，建立政治关联有助于民企获得更多的银行贷款。Ismail et al.（2012）发现尤其在新兴经济体中，制度越不完善，企业家们越倾向于利用自己的社会资本。杨小平和罗付岩（2014）的研究有别于以往的银企关系的衡量方法，采用企业获得银行融资贷款的难易程度来替代，最终发现银企关系密切的公司倾向于持有较少的现金，然而当处于货币紧缩政策的条件下，银企关系密切的公司会持有更多的现金，主要是由于外部关系较为生疏其融资成本较大。这一研究结果符合现金持有的预防性动机理论和融资优序理论。

市场资金的供需状况是企业债务融资的基本生态环境。我国现处于调整结构的特殊阶段，宏观经济增长速度放缓，但整体速度仍然比较快，市场里优秀的投资项目储备较多，所需要的融资产品要求更丰富，模式需要不断创新。不同层次的融资需求仍然难以完全被满足，金融市场体系的建设还有待完善，中央银行的货币政策作为整个经济金融市场的调控工具，从上至下，对企业融资的影响重大。

叶康涛和祝继高（2009）检验了货币政策紧缩时对信贷配置效率的作用，相对于低成长行业企业而言，在行业未来投资机会和外部融资需求不变的前提下，发现高成长行业企业受银根紧缩环境影响较大，表现其信贷额出现大幅下降的趋势，表明货币紧缩政策降低了信贷资金的配置效率。对于不同产权性质的企业，信贷配置在银根紧缩阶段表现出的差异就比较明显，相对于民营企业而言，国有企业会更受到重视。因为在货币紧缩政策下首要解决的问题是稳定就业等目标，而非经济效率目标。此外，陆正飞等（2009）发现在银根紧缩的情况下，国有上市公司长期借款可以保持较快增长，但民营上市公司的长期借款增长率的下降明显，整体负债增长率放缓。这说明，银根一旦紧缩，民营上市公司便会遭受信贷歧视，宏观金融因素对创业性民营企业的影响或更为明显。

在中国的公有制权力架构中，国家掌握了关键资源，因此政治联系是社会网络关系中具有优先地位的机制体系。例如企业家的党员身份代表一种政治地位，对企业而言，可以增加法律所能起到的保护效果，也能提高从他处获得信任的程度，有利于获得银行和其他金融机构的融资。Wang 和 Zhou（2008）曾研究发现私营企业家的党员身份有助于企业提高绩效，在市场制度和法律保护制度弱的地区，党员身份对于企业绩效的作用更为重要。

大多数学者的研究表明，在制度环境差的地区，民营企业更可能建立与政府的关系。若在制度环境完善的地区，民营企业若想长期发展，则必须依靠自身实力和发展优势，遵循“硬”的市场化原则来获取银行的信用和资源；当制度环境变差时，该地区的整体信贷规模不大，银行竞争的激烈度也会减缓，此时民营企业只能追求“软”的制度规则才能发挥作用，政府等对信贷资源的控制也更简单。在不同环境下做出不同的决策，主要是首先要清楚该地区解决信贷需求中高效且最直接的方式是什么。类似的，高管在法律弱的地区亟须建立与政府的关系，并加入考虑政治身份在其中的作用，主要是因为两个社会资本都是与政府相关的社会资本，且是该地区迫切需要的权力性社会资本。从银行角度出发，若政府由于私有化产权不健全而侵占资源，这意味着法律未必能有效发挥作用，那么需要从银行贷款的企业所经历的经营风险也被动增加。出于对各方面风险的权衡，也会严格把控这类企业的贷款投放，进而会增加对这些企业的融资难度。因此政治关系作为产权保护的替代机制，对于私有企业获得银行信用的重要性也远高于产权保护较好的地区。

在社会信任度高的地区中，高管政治关联和金融关联若能被债权人所关注，那么它们与地区的社会信任之间可能存在替代关系也可能存在促进关系，主要是因为投资者在信任度高的市场上获取的信息可靠度高，不需要借助其他渠道获得融资企业的信息，此时高管政治关联和金融关联发挥的作用微乎其微；反之，公司会依赖于高管政治关联和金融关联的功效，则会使得其对公司融资成本的影响更大。

我国信贷资金的分配存在体制性上的主从次序，相对于国有企业，民营企业面临严重的融资歧视（林毅夫等，2001）。在信贷资金分配结构与产出结构存在较大的分离时，这说明信贷资本分配市场化程度比较低，特别是对于非国有企业的发展和融资活动都不利。企业的融资渠道受阻，若想从金融机构等获得贷款，仅靠自身实力也很难得到合理配置的金融资源。这就需要民营性质的企业充分利用好与金融机构的关系，或能给自身带来很多优惠政策的高管社会资本，尤其是政治关联和金融关联。与政府保持良好的关系，作为替代的声誉担保机制能在一定程度上帮助企业获得银行贷款。另外，若高管与金融机构保持密切联系，即便缺乏政府的庇护，也能够在信贷资金分配市场化水平低的地区减少不必要的烦琐交易程序，降低交易成本，从而降低企业债务融资成本。

由此，我们提出以下三个假设：

假设 H4-1：在货币紧缩、政府干预弱、法治效率低下、金融发展落后、金融行业竞争激烈、产权保护差，信任度高、信贷水平低的地区，高管的社会资本对公司融资成本的效应更为显著。

假设 H4-2：在货币紧缩、政府干预弱、法治效率低下、金融发展落后、金融行业竞争激烈、产权保护差，信任度高、信贷水平低的地区，高管的政治关联对企业融资成本的效应更为显著。

假设 H4-3：在货币紧缩、政府干预弱、法治效率低下、金融发展落后、金融行业竞争激烈、产权保护差，信任度高、信贷水平低的地区，高管的金融关联对企业融资成本的效应更为显著。

综合上述分析，本章的逻辑思路及实证过程如图 5.1 所示。

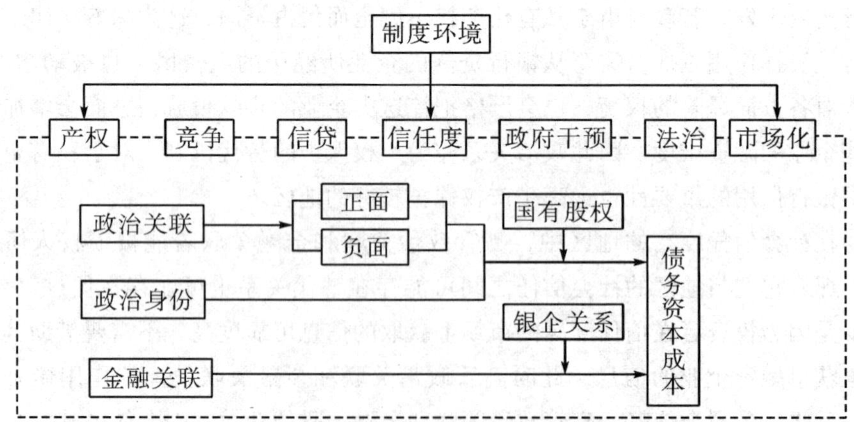


**图 5.1　本章研究思路**

## 5.3 研究设计

### 5.3.1 样本选取与数据来源

本书选取了2009—2013年在创业板上市的企业作为研究样本。在提选了样本后最终获得创业板686个观测值，然后执行了如下样本筛选程序：①删除同时发行B股或者H股的上市公司；②删除样本期间曾经或者正被ST，*ST，S，S*ST的上市公司；③删除金融类上市公司；④删除关键财务数据或者核心考察变量数据缺失和资产负债率大于1的上市公司。最终得到686个公司一年的观测值。

高管社会资本的指标体系上文已经给出，这里不再赘述，主要是在借鉴游家兴（2011）设计的社会资本指标基础上加以改进，并采用突变级数方法评分，得到总的高管社会资本以及三个层面（横向高管社会资本、纵向高管社会资本和网络高管社会资本）的高管社会资本具体的数值。横向、纵向的高管社会资本相关的数据主要通过公司年报和CASMAR数据库中的高管简历人工整理，若出现信息缺失，则从公司主页和巨潮网查找相关数据进行补充。网络高管社会资本的数据是通过“百度新闻搜索引擎”（http://new.baidu.com/）人工收集整理。具体收集方法是：借鉴罗进辉（2012）的方法，对于每一家上市公司，通过“百度新闻搜索引擎”对标题中含有上市公司简称且包含高管名字的报道分年度进行搜索，会出现相应上市公司和高管名字在一起的新闻报道条数，并根据新闻内容分为正面、负面和中性，并累计各类新闻的条数；本书将正面的新闻累计数用来衡量网络高管社会资本。

银企关联度（Bankass）是依托于创业板公司的每一笔贷款事件，根据贷款事件的不同金融主体的数量判断银企关联度，作者和金融人士均进行统计后的平均值，结果较为可靠。银企关联度是本书对银企关系的衡量指标。

数据主要采用Pittman和Fortin（2004）的剔除极值的方法来进行处理。数据均来自CSMAR数据库、锐思、wind数据库。

### 5.3.2 模型设定与变量说明

根据前文的分析，表5.1给出了本章所需研究变量的定义。

**表 5.1　主要变量定义**

| 变量类型 | 变量符号 | 变量定义 |
| --- | --- | --- |
| 被解释变量 | $R_d$ | 债务融资成本：利息总支出/长短期债务总额平均值① |
| 考察变量 | SocialT | 高管社会资本：突变级数法的最终值 |
| | Social1 | 横向高管社会资本：高管网络关系多样性 |
| | Social2 | 纵向高管社会资本：高管网络关系紧密性 |
| | Social3 | 网络高管社会资本：高管声誉 |
| | Politics② | 高管的政治关联：是否曾在政府部门任职 |
| | PI③ | 高管的政治身份：是否为人大代表或政协委员 |
| | Bank2 | 企业十大股东有银行机构时为 1，反之取 0 |
| | Banklink | 高管的金融关联：是否曾在银行、证券公司、基金公司等金融行业任职 |
| 控制变量 | Mulinterest | 利息保障倍数：企业息税前利润与利息费用之比 |
| | Growth | 成长性：上一年营业收入的增长率 |
| | Size | 总资产：总资产的自然对数 |
| | Independent | 独立董事占比：独立董事在董事会中的比例 |
| | Shrcr1 | 股权结构：第一大股东的持股比例 |
| | Roa | 资产收益率：营业利润/总资产 |
| | Leverage | 资产负债率：负债总额/总资产 |
| | Intang | 无形资产比重：无形资产总额/总资产 |
| | Tang | 抵押资产：（固定资产+存货）/总资产 |
| | C2 | 国有股权的哑变量：国有股份大于中位数时取 1，反之取 0 |
| | Bankass | 银企关联度 |
| | Big | 审计单位为中国注册会计师协会每年前十大事务所 |
| | Year | 年度 |
| | Industry | 行业 |
| | Organ | 机构投资者：十大股东中有机构投资者为 1，否则为 0 |

① 债务融资成本的计算具体为：利息总支出/长短期债务总额平均值。其中，短期负债为资产负债表中的短期借款，长期负债包括一年内到期的长期借款、应付债券、长期应付款、其他长期负债项。

② P1 是政治关联（Politics）的哑变量：当值大于中位数取 1，反之取 0。

③ P2 是政治身份（PI）的哑变量：当值大于中位数取 1，反之取 0。

表5.1(续)

| 变量类型 | 变量符号 | 变量定义 |
|---|---|---|
| 制度环境 | Mp | 货币政策[①] |
| | FcomD | 金融行业竞争度：当企业所在省份该指数低于样本中位数时为1，否则定义为0 |
| | MarketizationD | 金融市场化：当企业所在省份该指数低于样本中位数时为1，否则定义为0 |
| | LawD | 法治水平：当企业所在省份该指数低于样本中位数时，我们就将法治水平虚拟变量（LawD）定义为1，否则定义为0 |
| | GovernmentD | 政府干预程度：当企业所在省份该指数低于样本中位数时，取1，否则取0 |
| | PropertyRightD | 产权保护[②]：当企业所在省份该指数低于样本中位数时为1，否则定义为0 |
| | TrustD | 地区社会信任：当企业所在省份该指数低于样本中位数时为1，否则定义为0 |

根据上文分析，我们设计了包含非正式制度因素的四个回归模型来分别验证上述四个方面的研究假设。

5.3.2.1　高管社会资本对债务融资成本的影响效应

为了检验假设H1-1，H1-2，H1-3，H1-4，设定基础模型（5-1）。

$$R_{d_{i,t}} = \alpha_{i,t} + \beta_1 SocialI_{i,t-1} + \beta_2 Size_{i,t-1} + \beta_3 Shrcr1_{i,t-1} + \beta_4 Roa_{i,t-1} + \beta_5 Leverage_{i,t-1} + \beta_6 C2_{i,t} + \beta_7 Age_{i,t} + \beta_8 Growth_{i,t-1} + \beta_9 Intang_{i,t-1} + \beta_{10} Mulinterest_{i,t-1} + \beta_{11} Tang_{i,t-1} + \beta_{12} Independent_{i,t-1} + \beta_{13} Big_{i,t} + \beta_{14} Organ_{i,t} + \sum Year + \sum Industry + \varepsilon_{i,t} \quad (5-1)$$

式中，*SocialI* 取 *SocialT*，*Social*1，*Social*2，*Social*3。

这个方程是高管社会资本对债务融资成本的影响效应模型，模型中的被解释变量是债务融资成本（$R_d$），该数据借鉴 Pittman，Fortin（2004）和蒋琰（2009）的方法计算所得，即（利息总支出/长短期债务总额平均值），该数值越大表明企业债务融资成本越高；关键考察变量是高管社会资本（*SocialT*），

① MP为名义GDP增长率与M2发行量增长率之差。名义GDP增长率在一般意义上衡量经济发展所需要的货币，M2增长率则反映了货币的供应水平，如果差额为正，则表明当期货币供应为缺口，处于紧缩型货币政策，此时MP =1；如果差值为负，则说明当期货币供应较为充足，处于宽松型货币政策，此时MP =0。

② 产权保护水平取自市场化指数体系中“减轻企业的税外负担”。

主要由三个层面的社会资本组成：横向高管社会资本（*Social*1）、纵向高管社会资本（*Social* 2）、网络高管社会资本（*Social* 3）。根据已有文献的研究可知，利息保障倍数（*Mulinterest*）是企业偿债能力的体现，其值越大说明企业偿债能力越强，因此模型中引入利息保障倍数。公司成长性（*Growth*）等于上一年营业收入的增长率。资产收益率（*Roa*）代表企业营利能力，若该值越大说明企业盈利能力越强，则需要缴纳更多的税负，故其有较强的动机利用债务的税盾效应；而且营利能力强的公司具有较低的破产风险，债务融资成本较低；资产负债率（*Leverage*）能够说明企业现阶段债务水平，资产负债率越高，企业的债务融资成本越高。资产规模越大，无形资产比例和第一大股东持有股份低，独立董事比例、成长性、公司年限等公司治理特征和财务特征是影响债务融资成本的重要因素。最终我们选择的控制变量分别为：利息保障倍数（*Mulinterest*）、独立董事比例（*Independent*）、公司规模（*Size*）、资产收益率（*Roa*）、资产负债率（*Leverage*）、成长性（*Growth*）、投资者（*Organ*）、抵押资产（*Tang*）、无形资产比重（*Intang*）、国有股（*C*2），最后我们还控制了行业（*Industry*）和年度（*Year*）因素。

5.3.2.2 高管政治关联、金融关联对债务融资成本的影响效应

（1）高管政治关联对债务融资成本的影响效应。

为了验证创业板上市企业高管的政治关联对企业债务融资成本产生影响效应，即验证假设 H2-1，H2-2，H2-3 设定模型（5-2）、模型（5-3）。

$$\begin{aligned} R_{d_{i,t}} = {} & \alpha_{i,t} + \beta_1 P1 * P2_{i,t-1} + \beta_2 PI_{i,t-1} + \beta_3 Size_{i,t-1} + \beta_4 Politics_{i,t-1} + \\ & \beta_5 Size_{i,t-1} + \beta_6 Shrcr1_{i,t-1} + \beta_7 Roa_{i,t-1} + \beta_8 Leveragee_{i,t-1} + \beta_9 C2_{i,t} + \\ & \beta_{10} Age_{i,t} + \beta_{11} Growth_{i,t-1} + \beta_{12} Intang_{i,t-1} + \beta_{13} Mulinterest_{i,t-1} + \\ & \beta_{14} Tang_{i,t-1} + \beta_{15} loanlilv_{i,t-1} + \beta_{16} Independent_{i,t-1} + \beta_{17} Big_{i,t} + \\ & \beta_{18} Organ_{i,t} + \sum Year + \sum Industry + \varepsilon_{i,t} \end{aligned} \tag{5-2}$$

$$\begin{aligned} R_{d_{i,t}} = {} & \alpha_{i,t} + \beta_1 P1 * P2_{i,t-1} + \beta_1 P1 * C2_{i,t-1} + \beta_2 PI_{i,t-1} + \beta_3 Size_{i,t-1} + \\ & \beta_4 Politics_{i,t-1} + \beta_5 Size_{i,t-1} + \beta_6 Shrcr1_{i,t-1} + \beta_7 Roa_{i,t-1} + \\ & \beta_8 Leveragee_{i,t-1} + \beta_9 C2_{i,t} + \beta_{10} Age_{i,t} + \beta_{11} Growth_{i,t-1} + \beta_{12} Intang_{i,t-1} + \\ & \beta_{13} Mulinterest_{i,t-1} + \beta_{14} Tang_{i,t-1} + \beta_{15} loanlilv_{i,t-1} + \beta_{16} Independent_{i,t-1} + \\ & \beta_{17} Big_{i,t} + \beta_{18} Organ_{i,t} + \sum Year + \sum Industry + \varepsilon_{i,t} \end{aligned} \tag{5-3}$$

（2）高管金融关联对债务融资成本的影响效应。

为了验证创业板上市企业高管的金融关联对企业债务融资成本产生影响效

应，即验证假设 H3-1，H3-2，H3-3，H3-4 设定如下模型（5-4）、模型（5-5）。

$$R_{d_{i,t}} = \alpha_{i,t} + \beta_1 Banklink_{i,t-1} + \beta_2 Size_{i,t-1} + \beta_3 Tradecredit_{i,t-1} + \beta_4 Roa_{i,t-1} + \beta_5 Leverage_{i,t-1} + \beta_6 C2_{i,t} + \beta_7 Age_{i,t} + \beta_8 Growth_{i,t-1} + \beta_9 Intang_{i,t-1} + \beta_{10} Mulinterest_{i,t-1} + \beta_{11} Tang_{i,t-1} + \beta_{12} Big_{i,t} + \beta_{13} Organ_{i,t} + \sum Year + \sum Industry + + \varepsilon_{i,t} \tag{5-4}$$

$$R_{d_{i,t}} = \alpha_{i,t} + \beta_1 Bank2_{i,t-1} + \beta_2 Banklink_{i,t-1} + \beta_3 Banklink * Bank2_{i,t-1} + \beta_4 Size_{i,t-1} + \beta_5 Tradecredit_{i,t-1} + \beta_6 Roa_{i,t-1} + \beta_7 Leverage_{i,t-1} + \beta_8 C2_{i,t} + \beta_9 Age_{i,t} + \beta_{10} Growth_{i,t-1} + \beta_{11} Intang_{i,t-1} + \beta_{12} Mulinterest_{i,t-1} + \beta_{13} Tang_{i,t-1} + \beta_{14} Big_{i,t} + \beta_{15} Organ_{i,t} + \sum Year + \sum Industry + \varepsilon_{i,t} \tag{5-5}$$

#### 5.3.2.3 制度环境差异与高管社会资本对债务融资成本的影响效应

为了验证不同制度环境下高管社会资本对债务融资成本的差异性，本书在实证回归模型中首先以制度环境分组变量，考察不同组的回归结果。进一步可以在实证回归模型中引入制度环境与高管社会资本的交乘项，并同时控制企业层面的特征对企业债务融资成本的影响。回归模型如下所示。

$$R_{d_{i,t}} = \alpha_{i,t} + \beta_1 SocalI_{i,t-1} + \beta_2 Mp_{i,t-1} + \beta_3 SocialI * Mp_{i,t-1} + \beta_4 Size_{i,t-1} + \beta_5 Shrcr1_{i,t-1} + \beta_6 Roa_{i,t-1} + \beta_7 Leverage_{i,t-1} + \beta_8 C2_{i,t} + \beta_9 Age_{i,t} + \beta_{10} Growth_{i,t-1} + \beta_{11} Intang_{i,t-1} + \beta_{12} Mulinterest_{i,t-1} + \beta_{13} Tang_{i,t-1} + \beta_{14} Independent_{i,t-1} + \beta_{15} Big_{i,t} + \beta_{16} Tradecredit_{i,t-1} + \sum Year + \sum Industry + \varepsilon_{i,t} \tag{5-6}$$

$$R_{d_{i,t}} = \alpha_{i,t} + \beta_1 Politics_{i,t-1} + \beta_2 Mp_{i,t-1} + \beta_3 Politics * Mp_{i,t-1} + \beta_4 PI_{i,t-1} + \beta_5 P1 * P2_{i,t-1} + \beta_6 Organ_{i,t-1} + \beta_7 Size_{i,t-1} + \beta_8 Shrcr1_{i,t-1} + \beta_9 Roa_{i,t-1} + \beta_{10} Leverage_{i,t-1} + \beta_{11} C2_{i,t} + \beta_{12} Age_{i,t} + \beta_{13} Growth_{i,t-1} + \beta_{14} Intang_{i,t-1} + \beta_{15} Mulinterest_{i,t-1} + \beta_{16} Tang_{i,t-1} + \beta_{17} Independent_{i,t-1} + \beta_{18} Big_{i,t} + \beta_{19} Tradecredit_{i,t-1} + \sum Year + \sum Industry + \varepsilon_{i,t} \tag{5-7}$$

$$R_{d_{i,t}} = \alpha_{i,t} + \beta_1 Banklink_{i,t-1} + \beta_2 Mp_{i,t-1} + \beta_3 Banklink * Mp_{i,t-1} + \beta_4 Organ_{i,t} + \beta_5 Size_{i,t-1} + \beta_6 Shrcr1_{i,t-1} + \beta_7 Roa_{i,t-1} + \beta_8 Leverage_{i,t-1} + \beta_9 C2_{i,t} + \beta_{10} Age_{i,t} + \beta_{11} Growth_{i,t-1} + \beta_{12} Intang_{i,t-1} + \beta_{13} Mulinterest_{i,t-1} + \beta_{14} Tang_{i,t-1} + \beta_{15} Independent_{i,t-1} + \beta_{16} Big_{i,t} + \beta_{17} Tradecredit_{i,t-1} + \sum Year + \sum Industry + \varepsilon_{i,t} \tag{5-8}$$

式中，*SocialI* 指 *SocialT*，*Social*1，*Social*2，*Social*3。

还包括政治关联和金融关联，而制度环境变量本书在这里主要考察七类，分别是货币政策、政府干预、金融行业竞争程度、金融市场化、产权保护、法律、地区信任度，本模型的控制变量与第一个基础模型一致。制度环境变量的定义与解释：①Mp 是货币政策的衡量指标。本书采用较常用的方法来衡量货币政策：如果基准贷款利率水平较高，说明市场上资金供应较为紧张，央行实施了较为紧缩的货币政策，反之若央行降低贷款利率，则货币政策趋向宽松。②地区社会信任（TrustD），这里采用各个地区捐赠数量来衡量，当这个地区捐赠金额较多，说明该地区人们之间相互信任，愿意帮助他人，从而反映了该地区的宏观社会资本水平。除了货币政策、地区社会信任的指标外，其余制度特征我们根据樊纲等（2009）编制的我国各地区的市场化指数体系中的相关指标进一步估算和度量各地区的制度特征①。除货币政策、银行竞争程度、金融市场化、地区社会信任等可能对公司的银行债务融资产生影响外，产权性质、公司规模、成长性等也是重要因素，具体说明如下：由于我国创业板企业绝大多数为民营企业，故这里用国有股份来考察企业的国有性质，即采用十大股东所含国有股份的比例来衡量变量 *State*。为了研究方便，首先采用哑变量来区分，如果公司的国有股份超过平均值，则 $C2 = 1$，否则 $C2 = 0$。$C2$ 是国有股份的虚拟变量。

## 5.4 实证分析

### 5.4.1 描述性统计

表 5.2 提供了各主要变量的描述性统计，为消除极端值的影响，本书已对所有连续变量均进行上下 1%的 Winsorize 处理。此外，本书计算了各主要变量的方差膨胀因子 VIF 值，绝大部分在 1.5 以内，均远远小于10，表明模型不存

① 该指标采用的是樊纲、王小鲁和朱恒鹏编制的《中国市场指数：各地区市场化相对进程 2011 年报告》中所提供的 2009 年的指数。对于 2010 年的指数计算，我们用 2009 年的指数加上 2005—2009 年这五年相对于前一年指数增加值的平均数，对于 2011 年的指数计算，我们用 2010 年的指数加上 2006—2010 年这五年相对于前一年指数增加值的平均数；对于 2012 年的指数计算，我们用 2011 年的指数加上 2007—2011 年这五年相对于前一年指数增加值的平均数，以此类推算出 2010—2014 年的指数。

在严重的多重共线性。从表 5.2 可以看到：①$R_d$的最小值为 0.003，最大值为 0.128，均值为 0.042，说明创业板上市公司整体债务融资成本较低，由标准差可以看出不同公司间的债务融资成本差距较大。②*SocialT* 的均值为 0.016，*Social*1 的均值为 0.002[①]，*Social*2 的均值为 0.004，*Social*3 的均值为 0.004，说明创业板上市公司高管社会资本整体偏低，尤其是横向社会资本水平偏低，这可能主要受创业板上市公司的性质所影响，基本上创业板上市公司均为民营企业。纵向社会资本和网络社会资本水平差不多，而总的高管社会资本的标准差为 0.055，说明不同企业间与政府的关系差异较大。③国有股权（*Sown*）的均值为 1.213%，最大值为 72.2%，说明创业板上市公司引入的国有股份偏低，主要偏向于民营企业的性质。④第一大股东的持股比例（*Shrcr*1）的均值为 33.57%，最大值为 77.63%，且中位数为 31.02%，说明此比例分配比较符合正态分布。⑤独立董事比例（*Independent*）的均值为 0.373，反映了证监会对上市公司独立董事比例的制度要求。⑥抵押物资产（*Tang*）的均值为 0.245，最小值为 0.004，最大值为 0.754，说明创业板上市公司的抵押物资产水平整体偏低。⑦无形资产比例（*Intang*）的均值为 0.038%，最大值为 0.604%，由此可见创业板上市公司报表中无形资产比例不能体现其在公司的真实价值。⑧*Organ* 的均值为 0.940，说明样本中绝大部分的大股东中都有机构投资者。⑨公司规模（*Size*）的均值为 20.72，中位数为 20.68，最大值为 22.82，说明创业板上市公司企业间规模差异不大，都比较集中于 20 这一数值，产生这一现象的原因是民营企业为了在创业板上市，必须满足上市的规模要求，而盲目扩大规模不仅风险大，所需要的成本也大，所以它们的规模才会在门槛边界上下徘徊。⑩财务杠杆（*Leverage*）的均值为 0.208，中位数为 0.169，这也说明创业板上市公司财务杠杆偏低。⑪企业的银行股东背景（*Bank*1）的均值为 0.534，较好地服从正态分布。⑫企业成长性（*Growth*）的均值为 0.350，最小值为-0.607，最大值为 3.290，可见创业板上市公司大多数处于成长期。⑬企业成立年限的自然对数（*Age*）的均值为 2.588，且中位数为 2.639，说明创业板企业间成立年限差异不大。⑭利息保障倍数（*Mulinterest*）的均值为-5.259，中位数为-2.566，虽然最大值为 200.746>0，但从整体上说明创业板企业偿债能力较差，且企业间偿债能力的差异性较大。总体而言，创业板上市公司的“硬”

---

① 本书对高管社会资本的评价方法选用突变计数法，故 socialT、social1、social2、social3 均偏小，且 socialT 不能直接和其三个层面社会资本做比较，不具有可比性。为了便于系数的比较，social 所有值均做了缩小了 100 倍的预处理。

信息不足以吸引投资者，所以基于以上信息，高管的社会资本显得尤为重要。

对于制度环境的描述性统计主要表现为：①货币政策（*Mp*）的均值为0.183，说明创业板上市公司所处的宏观环境多为货币政策紧缺；②政府干预程度（*GovernmentD*）的均值为8.945偏大，说明政府干预经济程度总体上较弱；③金融市场化（*MarketizationD*）的均值为12.880，也说明大多数地区金融市场化较高；④金融行业的竞争程度（*FinancialcomD*）的均值为9.782，也反映了银行间竞争较为激烈；⑤产权保护（*PropertyRightD*）；⑥法治水平（*LawD*）；⑦社会信任度（*TrustD*）均值为13 000。说明大多数地区捐赠行为比较积极，从而说明该地区具有较高的信任水平。

**表5.2 主要变量的描述性统计**

| Variable | Obs | mean | sd | min | p50 | max |
| --- | --- | --- | --- | --- | --- | --- |
| $R_d$ | 686 | 0.042 | 0.255 | 0.003 | 0.031 | 0.128 |
| *SocialT* | 686 | 0.016 | 0.055 | 0.001 | 0.005 | 1.070 |
| *Social*1 | 686 | 0.002 | 0.001 | 0 | 0.002 | 0.007 |
| *Social*2 | 686 | 0.004 | 0.001 | 0 | 0.004 | 0.012 |
| *Social*3 | 686 | 0.004 | 0.021 | 0 | 0 | 0.407 |
| *Size* | 686 | 20.72 | 0.621 | 18.68 | 20.68 | 22.82 |
| *Shrcr*1 | 686 | 33.57 | 12.94 | 5.849 | 31.02 | 77.63 |
| *Roa* | 686 | 0.065 | 0.052 | -0.437 | 0.060 | 0.469 |
| *Leverage* | 686 | 0.208 | 0.144 | 0.011 | 0.169 | 0.826 |
| *C*2 | 686 | 0.032 | 0.176 | 0 | 0 | 1 |
| *Sown* | 686 | 1.213 | 6.406 | 0 | 0 | 72.20 |
| *Bank*1 | 686 | 0.534 | 0.499 | 0 | 1 | 1 |
| *Age* | 686 | 2.588 | 0.323 | 1.609 | 2.639 | 3.367 |
| *Growth* | 686 | 0.350 | 0.625 | -0.607 | 0.180 | 3.290 |
| *Intang* | 686 | 0.038 | 0.041 | 0 | 0.028 | 0.604 |
| *Mulinterest* | 686 | -5.259 | 55.998 | -342.89 | -2.566 | 200.746 |
| *Tang* | 686 | 0.245 | 0.147 | 0.004 | 0.223 | 0.754 |
| *Independent* | 686 | 0.373 | 0.056 | 0 | 0.333 | 0.600 |
| *Big* | 686 | 0.527 | 0.499 | 0 | 1 | 1 |
| *Organ* | 686 | 0.940 | 0.238 | 0 | 1 | 1 |
| *Politics* | 686 | 0.047 | 0.117 | 0 | 0 | 0.667 |

表5.2(续)

| Variable | Obs | mean | sd | min | p50 | max |
|---|---|---|---|---|---|---|
| *PI* | 686 | 0.258 | 0.513 | 0 | 0 | 2.500 |
| *Banklink* | 686 | 0.104 | 0.166 | 0 | 0 | 0.750 |
| *Mp* | 4 | 0.183 | 0.387 | 0 | 0 | 1 |
| *GovernmentD* | 31 | 8.945 | 1.349 | -10.38 | 9.139 | 10.43 |
| *MarketizationD* | 31 | 12.880 | 1.452 | 5.340 | 12.92 | 16.43 |
| *FinancialcomD* | 31 | 9.782 | 1.864 | -1.870 | 9.603 | 13.93 |
| *Creditlevel* | 31 | 15.85 | 1.822 | 10.98 | 16.05 | 21.72 |
| *LawD* | 31 | 7.255 | 2.224 | -30.35 | 7.130 | 11.93 |
| *PropertyRightD* | 31 | 44.790 | 29.63 | 1.050 | 45.78 | 100.1 |
| *hangye* | 31 | 8.412 | 6.931 | -33.62 | 8.959 | 35.59 |
| *TrustD* | 31 | 13 000 | 7 338 | 156.6 | 10 000 | 28 000 |

### 5.4.2 回归分析

5.4.2.1 高管社会资本对债务融资成本的影响效应

表5.3报告了假设H1-1、H1-2、H1-3、H1-4的回归结果，即反映总的高管社会资本以及不同层面的高管社会资本与债务融资成本间相互关系的回归模型的实证结果。其中，第1列模型反映的是综合的高管社会资本对债务融资成本的OLS回归结果，其解释变量综合高管社会资本（SocialT）的系数为-0.759，且在5%的水平下显著，这一结果与预期一样，验证了假设H1-1，说明高管社会资本的确能够降低企业的债务融资成本；为了进一步分析不同高管社会资本在债务融资中的作用是否存在差异，第2、第3和第4列分别反映的是横向、纵向和网络层面高管社会资本与债务资本成本之间关系的OLS回归结果。从回归结果可以看出，横向高管社会资本（Social1）、纵向高管社会资本（Social2）和网络高管社会资本（Social3）三个解释变量的系数均为负，除了网络高管社会资本的系数不显著外，横向高管社会资本的回归系数为-1.22（在10%的水平下显著），纵向高管社会资本的回归系数为-1.415（在5%的水平下显著），由此可以看出横向高管社会资本的多样性能够有利于企业的债务融资，同时纵向高管社会资本反映的紧密性的确能够影响企业债务融资。而网络高管社会资本不显著的原因可能是由于在信贷市场上，贷款与借款建立的关系更多的是联系紧密，在信贷市场有用的信息，网络社会资本虽然在

一定程度上反映的是高管声誉，说明债务融资时，高管不倾向于利用声誉来帮助企业融资，但根据上文对声誉机制分析发现更多的功效体现在资本市场，这也证明了高管社会资本作用于债务融资和权益融资的影响机制是有差异性的。

综上所述，由基本模型（5-1）的回归结果可以看出高管社会资本能够降低公司债务融资成本，并且该作用主要来自横向高管社会资本和纵向高管社会资本的影响效用。

**表 5.3　高管社会资本对债务融资成本的影响回归结果**

| Variable | $R_d$ | | | |
|---|---|---|---|---|
| | (1) | (2) | (3) | (4) |
| SocialT | -0.759**<br>(-1.99) | — | — | — |
| Social1 | — | -1.220*<br>(1.89) | — | — |
| Social2 | — | — | -1.415**<br>(2.18) | — |
| Social3 | — | — | — | -0.770<br>(-1.51) |
| Size | 0.003<br>(0.19) | -0.005<br>(-0.31) | -0.007<br>(-0.38) | 0.004<br>(0.25) |
| Shrcr1 | -0.000<br>(-0.59) | -0.000<br>(-0.60) | -0.001<br>(-0.89) | -0.000<br>(-0.59) |
| Roa | -0.862***<br>(-3.36) | -0.877***<br>(-3.43) | -0.866***<br>(-3.38) | -0.809***<br>(-3.09) |
| Leverage | 0.663***<br>(8.00) | 0.678***<br>(8.18) | 0.684***<br>(8.24) | 0.665***<br>(8.02) |
| C2 | -0.037<br>(-0.90) | -0.029<br>(-0.69) | -0.033<br>(-0.79) | -0.036<br>(-0.87) |
| Age | 0.055**<br>(2.01) | 0.053*<br>(1.94) | 0.054**<br>(1.99) | 0.052*<br>(1.90) |
| Growth | 0.000<br>(1.17) | 0.000<br>(1.11) | 0.000<br>(1.25) | 0.000<br>(1.20) |
| Intang | 0.450**<br>(2.14) | 0.401*<br>(1.91) | 0.445**<br>(2.12) | 0.407*<br>(1.94) |
| Mulinterest | 0.000<br>(0.86) | 0.000<br>(0.94) | 0.000<br>(1.08) | 0.000<br>(0.87) |
| Tang | 0.472***<br>(6.28) | 0.467***<br>(6.21) | 0.448***<br>(5.91) | 0.479***<br>(6.35) |

表5.3(续)

| Variable | $R_d$ | | | |
|---|---|---|---|---|
| | (1) | (2) | (3) | (4) |
| Independent | -0.250*<br>(-1.69) | -0.242<br>(-1.64) | -0.236<br>(-1.60) | -0.243<br>(-1.65) |
| Big | 0.006<br>(0.36) | 0.003<br>(0.18) | 0.005<br>(0.29) | 0.004<br>(0.23) |
| Organ | 0.050<br>(1.42) | 0.043<br>(1.24) | 0.046<br>(1.32) | 0.047<br>(1.36) |
| _cons | -0.112<br>(-0.29) | 0.048<br>(0.12) | 0.034<br>(0.09) | -0.139<br>(-0.36) |
| *N* | 686 | 686 | 686 | 686 |
| r2_a | 0.312 | 0.312 | 0.313 | 0.311 |
| F | 21.640 | 21.667 | 21.726 | 21.528 |

注：①表格内的数字上面表示估计系数，下面括号内的数字表示 t 值；②***、**、* 分别表示 1%，5%，10%的显著性水平。

在控制变量方面，资产收益率（Roa）与债务融资成本显著负相关，说明资产收益率越高的企业，越容易获得贷款人的青睐，从而越容易获得贷款，自然债务融资成本较低；独立董事的比例（Independent）体现的是公司治理，在公司治理越好的企业，债权投资者承担的风险较小，企业不还款的可能性较小，所以债务融资成本更低；资产负债率（Leverage）对债务融资成本有正向的作用，企业资产负债率越高，企业面临的经营风险越大，贷款人面临不能及时收到借款和利息，从而融资成本增加；有形资产越多的公司，越有能力为债务融资提供实物担保或抵押，从而获得更多的银行借款（Harris & Raviv，1991）。

5.4.2.2　高管政治关联对债务融资成本的影响效应

表 5.4 报告了作为高管政治关联与债务融资成本间相互关系的回归模型的实证结果。其中，第 1 列反映的是高管政治关联与政治身份以及交互作用在债务融资中起到的作用。结果显示，政治关联和政治身份交互项的系数为 -0.183，在 1%的水平下显著，且与政治关联的回归系数-0.483 的符号相同，说明两者的交互作用能够加强政治关联在融资成本中的积极影响作用，更好地缓解创业板上市公司的债务融资压力，也有助于高管如何结合目标积累所需的社会资本。第 2 列反映的是国有股份、高管政治关联与债务融资成本之间关系的 OLS 回归结果。表 5.4 的回归结果显示，高管政治关联与国有股份的相互项在 1%的水平下显著为正，且回归系数与政治关联的系数方向相反，说明创业

板上市企业将国有股份的引入与保留并未替代高管政治关联在债务融资中的作用，除了国有股份与政治关联的关系未如预期一样存在替代作用，以上分析大部分支持了假设 H2-2，与预期判断基本保持一致。

**表 5.4　高管政治关联与债务融资成本的影响回归模型**

| Variable | $R_d$ | |
|---|---|---|
| | (1) | (2) |
| P1 * P2 | −0.183***<br>(−3.47) | −0.182***<br>(−3.43) |
| P1 * C2 | — | 0.822**<br>(−2.23) |
| PI | 0.032<br>(1.54) | 0.033<br>(1.57) |
| Politics | −0.483***<br>(3.31) | −0.482***<br>(3.30) |
| Size | −0.007<br>(−0.39) | −0.007<br>(−0.39) |
| Shrcr1 | −0.001<br>(−0.77) | −0.001<br>(−0.76) |
| Roa | −0.857***<br>(−3.38) | −0.848***<br>(−3.32) |
| Leverage | 0.698***<br>(8.48) | 0.697***<br>(8.47) |
| C2 | −0.052<br>(−1.27) | −0.049<br>(−1.16) |
| Age | 0.056**<br>(2.06) | 0.056**<br>(2.07) |
| Growth | 0.000<br>(1.36) | 0.000<br>(1.36) |
| Intang | 0.321<br>(1.49) | 0.320<br>(1.48) |
| Mulinterest | 0.000<br>(0.90) | 0.000<br>(0.90) |
| Tang | 0.477***<br>(6.22) | 0.476***<br>(6.18) |
| loanlilv | −0.048*<br>(−1.70) | −0.049*<br>(−1.72) |
| Independent | −0.208<br>(−1.42) | −0.208<br>(−1.42) |

表5.4(续)

| Variable | $R_d$ | |
|---|---|---|
| | (1) | (2) |
| Big | 0.006<br>(0.36) | 0.006<br>(0.37) |
| Organ | 0.051<br>(1.47) | 0.051<br>(1.48) |
| _cons | 0.381<br>(0.95) | 0.380<br>(0.95) |
| *N* | 686 | 686 |
| r2_a | 0.329 | 0.328 |
| F | 18.342 | 17.357 |

注：①表格内的数字上面表示估计系数，下面括号内的数字表示 t 值；②***、**、*分别表示 1%，5%，10%的显著性水平。

### 5.4.2.3 高管金融关联对债务融资成本的影响效应

表 5.5 报告了作为高管金融关联与债务融资成本间相互关系的回归模型的实证结果。为了进一步考察高管金融关联在不同银企关联度①下对债务融资成本作用效应是否存在差异性，根据银企关联度（Bankass）的中位数，将样本分为两组来回归，第 1 列反映的是高管金融关联对债务融资成本的影响效应模型，根据回归结果显示，全样本的高管金融关联（Banklink）的回归系数为-0.085（在 10%的水平下显著），说明高管的金融关联的确能够降低债务融资成本，从而帮助企业实现价值最大化。第 2 列和第 3 列分别表示在银企关联多和银企关联少的企业中，高管金融关联对债务融资成本的影响效应模型。而在银企关联较多的企业中，高管金融关联对债务融资的影响作用在加强，回归系数为-0.127（在 5%的水平下显著），说明高管金融关联在债务融资中的确起到了促进作用。一方面是专业背景在一定程度上能够加强高管的金融关联对债务融资的影响程度；另一方面是当企业处于更多银企关联的网络中时，能够更好地缓解创业板上市公司的债务融资压力，也有助于加强高管积累债务融资所需的社会资本，从而促进了高管金融关联对融资成本的影响效应。

① 在人工整理收集创业板上市公司的抵押物发现，绝大部分公司没有使用抵押物，而是使用的信用作为担保。在担保的公司中，担保公司多为关联方，担保的银行中，四大国有银行与非四大银行没有特别的偏好。我们可以把银行与企业有关联的个数计算出积累到目前的统计数据。为方便进一步分析基于银企关联度的分组回归来考察高管社会资本对融资成本影响的作用。

第 4 列、第 5 列和第 6 列反映的是银行股东、高管金融关联与债务融资成本之间关系的 OLS 回归结果。第 4 列是全样本的回归结果，可以看出高管金融关联与股东银行背景相互项的系数为正且不显著，这说明创业板上市企业股东的银行背景对高管金融关联与债务融资关系的影响甚小，其原因是高管金融关联更多的是依赖于企业与银行的联系密度。第 5 列和第 6 列反映的是在银企关联多和银企关联少的两组，两组数据回归结果显示，在银企关联度高的企业中，高管金融关联的系数为-0.181（在 10%水平下显著），且两者的交互项（Banklink * Bank2）的系数显著为-0.039；而在银企关联度低的企业中，高管金融关联发挥的融资效应不显著，说明银行持股比例对其是促进作用而不是抑制作用。由模型（5-4）、模型（5-5）的回归结果可知，除了假设 H3-3 未得到证实外，其余假设均被一一证实。这表明高管的金融关联在债务融资方面的确起着不可忽视的作用，降低了债务融资成本。在控制变量方面，考虑到商业信用在民营企业中债务融资的影响作用，考察高管金融关联对公司的融资效应，故将商业信用（Tradecredit）变量引入模型。从回归结果可以看出商业信用的系数均在 1%的水平下显著为负，说明商业信用越高，越容易获得借款，在其他条件一定的情况下，相当于降低了债务融资成本。

**表 5.5　高管金融关联与债务融资成本的影响回归模型**

| Variable | $R_d$ | | | | | |
|---|---|---|---|---|---|---|
| | (1)<br>全样本 | (2)<br>多 | (3)<br>少 | (4)<br>全样本 | (5)<br>多 | (6)<br>少 |
| Bank2 | — | — | — | -0.023<br>(-1.13) | -0.008<br>(-0.27) | -0.029<br>(-1.00) |
| Banklink | -0.085*<br>(1.92) | -0.127**<br>(2.19) | 0.019<br>(0.20) | -0.061*<br>(1.86) | -0.181*<br>(1.85) | -0.046<br>(-0.43) |
| Banklink * Bank2 | — | — | — | 0.022<br>(0.71) | -0.039*<br>(-1.90) | 0.058<br>(1.19) |
| Size | 0.009<br>(0.56) | 0.037<br>(1.59) | -0.045*<br>(-1.89) | 0.011<br>(0.64) | 0.039*<br>(1.66) | -0.043*<br>(-1.80) |
| Roa | -1.211***<br>(-4.85) | -2.045***<br>(-5.23) | -0.369<br>(-1.14) | -1.164***<br>(-4.49) | -1.961***<br>(-4.87) | -0.386<br>(-1.13) |
| Leverage | 0.921***<br>(10.80) | 0.801***<br>(7.22) | 1.035***<br>(7.26) | 0.928***<br>(10.84) | 0.811***<br>(10.84) | 1.061***<br>(7.37) |
| Tradecredit | -0.080***<br>(-7.86) | -0.076***<br>(-5.72) | -0.088***<br>(-5.28) | -0.080***<br>(-7.84) | -0.077***<br>(-7.84) | -0.088***<br>(-5.28) |

表5.5(续)

| Variable | $R_d$ | | | | | |
|---|---|---|---|---|---|---|
| | (1)<br>全样本 | (2)<br>多 | (3)<br>少 | (4)<br>全样本 | (5)<br>多 | (6)<br>少 |
| Age | 0.042<br>(1.61) | 0.112***<br>(3.09) | -0.055<br>(-1.49) | 0.042<br>(1.62) | 0.119***<br>(3.23) | -0.042<br>(-1.10) |
| C2 | -0.014<br>(-0.35) | -0.008<br>(-0.16) | — | -0.017<br>(-0.42) | -0.017<br>(-0.35) | -0.069<br>(-1.02) |
| Growth | 0.000<br>(1.26) | 0.000<br>(1.00) | -0.006<br>(-0.32) | 0.000<br>(1.24) | 0.000<br>(1.11) | -0.005<br>(-0.27) |
| Intang | 0.379*<br>(1.88) | 0.316<br>(1.37) | 0.758*<br>(1.70) | 0.378*<br>(1.88) | 0.314<br>(1.37) | 0.736<br>(1.65) |
| Mulinterest | 0.000<br>(0.79) | 0.000<br>(0.15) | 0.001**<br>(2.43) | 0.000<br>(0.89) | 0.000<br>(0.21) | 0.001**<br>(2.46) |
| Tang | 0.409***<br>(5.63) | 0.371***<br>(3.52) | 0.451***<br>(4.31) | 0.401***<br>(5.49) | 0.378***<br>(3.53) | 0.444***<br>(4.24) |
| Big | 0.002<br>(0.14) | 0.002<br>(0.10) | -0.006<br>(-0.24) | 0.003<br>(0.16) | 0.001<br>(0.03) | -0.007<br>(-0.31) |
| Organ | 0.028<br>(0.85) | 0.005<br>(0.10) | 0.051<br>(1.13) | 0.032<br>(0.96) | 0.005<br>(0.10) | 0.051<br>(1.09) |
| _cons | -0.398<br>(-1.12) | -1.049**<br>(-2.08) | 0.871*<br>(1.69) | -0.426<br>(-1.19) | -1.107**<br>(-2.18) | 0.796<br>(1.52) |
| *N* | 686 | 343 | 343 | 686 | 343 | 343 |
| r2_a | 0.372 | 0.380 | 0.386 | 0.371 | 0.380 | 0.385 |
| F | 26.086 | 15.432 | 13.637 | 23.066 | 13.706 | 11.374 |

注：①表格内的数字上面表示估计系数，下面括号内的数字表示P值；②***、**、*分别表示1%，5%，10%的显著性水平。

## 5.5 进一步分析

为了进一步分析高管社会资本与债务融资成本的内在作用机理，根据前文分析制度环境与非制度因素的高管社会资本有着很复杂的关系，正是基于这样的考虑，下文将在不同制度环境下考察高管社会资本对债务融资成本关系的影响效应。

### 5.5.1 货币政策与高管社会资本对债务融资成本的分析结果

表 5.6 列示了研究假设 H4 的回归结果。由于货币政策（Mp）是哑变量，

表 5.6 货币政策与高管社会资本对债务融资成本回归模型

| Variable | $R_d$ | | |
|---|---|---|---|
| | (1) | (2) | (3) |
| SocialT | -1.022**<br>(-2.56) | — | — |
| Politics | — | -0.463***<br>(3.25) | — |
| Banklink | — | — | -0.080*<br>(1.79) |
| Mp | 0.080***<br>(3.17) | 0.064**<br>(2.54) | 0.071***<br>(2.85) |
| SocialT * Mp | -0.350<br>(0.47) | — | — |
| Politics * Mp | — | 0.065<br>(0.51) | — |
| Banklink * Mp | — | — | 0.015<br>(0.25) |
| PI | — | 0.031<br>(1.55) | — |
| P1 * P2 | — | -0.199***<br>(-3.94) | — |
| Organ | — | 0.026<br>(0.77) | 0.027<br>(0.77) |
| Size | 0.015<br>(0.92) | 0.002<br>(0.09) | 0.008<br>(0.47) |
| Shrcr1 | -0.000<br>(-0.11) | -0.000<br>(-0.31) | -0.000<br>(-0.29) |
| Roa | -1.203***<br>(-4.86) | -1.200***<br>(-4.89) | -1.180***<br>(-4.72) |
| Leverage | 0.924***<br>(10.93) | 0.941***<br>(11.17) | 0.933***<br>(10.97) |
| C2 | -0.036<br>(-0.91) | -0.043<br>(-1.10) | -0.026<br>(-0.65) |
| Age | 0.048*<br>(1.85) | 0.039<br>(1.53) | 0.045*<br>(1.71) |

表5.6(续)

| Variable | $R_d$ | | |
|---|---|---|---|
| | (1) | (2) | (3) |
| Tradecredit | -0.082***<br>(-8.12) | -0.081***<br>(-8.03) | -0.080***<br>(-7.91) |
| Growth | 0.000<br>(1.38) | 0.000<br>(1.43) | 0.000<br>(1.31) |
| Intang | -0.470**<br>(2.35) | -0.262<br>(1.28) | -0.438**<br>(2.18) |
| Mulinterest | 0.000<br>(0.62) | 0.000<br>(0.82) | 0.000<br>(0.52) |
| Tang | -0.478***<br>(6.62) | -0.449***<br>(6.13) | -0.447***<br>(6.06) |
| Independent | -0.210<br>(-1.50) | -0.213<br>(-1.53) | -0.205<br>(-1.44) |
| Big | 0.012<br>(0.71) | 0.006<br>(0.38) | 0.008<br>(0.50) |
| _cons | -0.509<br>(-1.38) | -0.220<br>(-0.60) | -0.315<br>(-0.85) |
| *N* | 686 | 686 | 686 |
| r2_a | 0.382 | 0.390 | 0.379 |
| F | 25.608 | 22.462 | 21.458 |

注：①表格内的数字上面表示估计系数，下面括号内的数字表示 t 值；②***、**、*分别表示1%，5%，10%的显著性水平。

这里采用引入货币政策与高管社会资本交互项来考察货币政策在高社会资本与债务融资成本间起到的作用。根据回归结果可知，表中第 1 列中高管社会资本的系数为-1.022（在5%的水平下显著），再次验证了假设 1-1，且货币政策（Mp）的系数显著为 0.08，这说明货币紧缩政策使得创业板上市公司融资环境恶劣，增加了企业债务融资的难度。此时企业需要借助更多融资渠道来帮助企业渡过难关。高管社会资本在此起到了很大的作用。两者的交互项虽然为负，与高社会资本的系数一致，但却不显著，表明货币政策在两者间起到的作用甚小。对于高管政治关联而言，高管政治关联（Politics）的系数为-0.463（$P<0.01$），说明创业板企业中高管政治关联对债务融资有积极的影响，这里主要支持了信息和资源理论。高管政治身份（PI）的系数虽然为正但不显著，注意到高管政治关联和高管政治身份的交互项（Politics * PI）的系数为

-0.199（P<0.01），这表明当高管同时考虑自身政治关联和政治身份时，高管社会资本对债务融资的影响会发生变化，这说明高管会由于自身与政府保持较紧密的联系而有所顾虑，避免自身出现道德风险，融资决策会更为谨慎，从而有助于企业降低融资成本。第 3 列是在高管金融关联与债务融资成本模型中引入货币政策的回归结果，高管金融关联（Banklink）的回归系数仍显著为负，但与货币政策的交互项的系数却不显著。这同样说明高管金融关联在债务融资成本的影响作用并未受到货币政策的影响。

### 5.5.2 政府干预与高管社会资本对债务融资成本的影响回归结果

表 5.7 列示了研究假设 H4 的回归结果。表中第 1 列和第 2 列分别报告了

表 5.7 政府干预与高管社会资本对债务融资成本的影响回归结果

| Variable | $R_d$ | | | | | |
|---|---|---|---|---|---|---|
| | (1)<br>弱 | (2)<br>强 | (3)<br>弱 | (4)<br>强 | (5)<br>弱 | (6)<br>强 |
| SocialT | -0.698<br>(-0.64) | -0.851**<br>(-2.13) | — | — | — | — |
| PI | — | — | 0.012<br>(0.42) | 0.041<br>(1.46) | — | — |
| Politics | — | — | -0.599**<br>(2.55) | -0.397**<br>(2.14) | — | — |
| P1 * P2 | — | — | -0.209**<br>(-2.56) | -0.175**<br>(-2.58) | — | — |
| Banklink | — | — | — | — | -0.023<br>(0.24) | -0.138*<br>(1.82) |
| Size | -0.016<br>(-0.60) | 0.028<br>(1.26) | -0.025<br>(-0.95) | 0.013<br>(0.61) | -0.025<br>(-0.94) | 0.016<br>(0.75) |
| Shrcr1 | -0.000<br>(-0.01) | 0.000<br>(0.01) | 0.000<br>(0.07) | -0.000<br>(-0.10) | -0.000<br>(-0.19) | -0.000<br>(-0.52) |
| Roa | -1.841***<br>(-4.35) | -0.835***<br>(-2.63) | -1.621***<br>(-3.77) | -0.882***<br>(-2.78) | -1.824***<br>(-4.34) | -0.703**<br>(-2.23) |
| Leverage | 0.939***<br>(7.17) | 0.851***<br>(7.28) | 0.990***<br>(7.62) | 0.873***<br>(7.43) | 0.949***<br>(7.32) | 0.891***<br>(7.32) |
| C2 | 0.008<br>(0.10) | -0.065<br>(-1.35) | 0.019<br>(0.24) | -0.064<br>(-1.33) | 0.014<br>(0.18) | -0.031<br>(-0.65) |
| Age | 0.025<br>(0.57) | 0.063*<br>(1.86) | 0.011<br>(0.25) | 0.056*<br>(1.66) | 0.027<br>(0.62) | 0.062*<br>(1.86) |

表5.7(续)

| Variable | $R_d$ | | | | | |
|---|---|---|---|---|---|---|
| | (1)<br>弱 | (2)<br>强 | (3)<br>弱 | (4)<br>强 | (5)<br>弱 | (6)<br>强 |
| Tradecredit | −0.107***<br>(−6.76) | −0.059***<br>(−4.23) | −0.107***<br>(−6.85) | −0.059***<br>(−4.29) | −0.110***<br>(−6.98) | −0.060***<br>(−4.40) |
| Intang | 0.035<br>(0.08) | 0.485**<br>(2.10) | 0.161<br>(0.35) | 0.274<br>(1.12) | 0.167<br>(0.36) | 0.512**<br>(2.25) |
| Mulinterest | 0.000<br>(0.33) | 0.000<br>(0.82) | 0.000<br>(0.31) | 0.000<br>(1.14) | 0.000<br>(0.38) | 0.000<br>(0.42) |
| Tang | 0.509***<br>(4.43) | 0.430***<br>(4.38) | 0.488***<br>(4.23) | 0.404***<br>(4.05) | 0.571***<br>(4.90) | 0.383***<br>(3.92) |
| Big | 0.014<br>(0.54) | −0.004<br>(−0.19) | 0.008<br>(0.32) | −0.008<br>(−0.35) | 0.010<br>(0.39) | −0.008<br>(−0.35) |
| Organ | 0.097*<br>(1.95) | — | 0.090*<br>(1.84) | −0.030<br>(−0.65) | 0.079<br>(1.59) | −0.038<br>(−0.84) |
| GovernmentD | 0.026<br>(0.53) | −0.019*<br>(−1.73) | 0.036<br>(0.75) | −0.016<br>(−1.44) | 0.055<br>(1.10) | −0.012<br>(−1.03) |
| _cons | −0.129<br>(−0.17) | −0.570<br>(−1.15) | −0.008<br>(−0.01) | −0.261<br>(−0.54) | −0.342<br>(−0.44) | −0.190<br>(−0.39) |
| *N* | 343 | 343 | 343 | 343 | 343 | 343 |
| r2_a | 0.431 | 0.336 | 0.442 | 0.340 | 0.436 | 0.360 |
| F | 13.046 | 13.803 | 12.198 | 11.907 | 11.913 | 12.826 |

注：①表格内的数字上面表示估计系数，下面括号内的数字表示P值；②***、**、*分别表示1%，5%，10%的显著性水平。

在政府干预弱和政府干预强的地区，高管社会资本对债务融资成本的影响效应。虽然两组回归模型中，高管社会资本的回归系数均为负数，但只有第2列的高管社会资本系数为-0.851（P<0.05），这说明相对于政府干预较弱的地区，在政府干预较强的水平下高管社会资本对债务融资成本的影响更大，也证明了缺乏正式制度的环境下，对债务融资方面正式制度与非正式制度（高管社会资本）间起着替代作用。第3列和第4列的回归结果显示，高管政治关联的系数均在5%的水平下显著为负，再次证明了假设H2-1，也进一步说明无论在政府干预强或弱的地区，单一作用的政治关联和同时考虑政治关联和政治身份时，两者的共同作用都会降低企业债务融资成本。第5列和第6列分别列示了在政府干预弱和政府干预强的地区，高管金融关联与债务融资成本的作

用，只有在政府干预强的地区中，高管金融关联（Banklink）的回归系数为-0.138（P<0.1），说明在正式制度缺失的环境下，高管偏向于同时利用自身与金融行业的关系来选择债务成本最低的贷款。

### 5.5.3 法治水平与高管社会资本对债务融资成本的影响回归结果

表5.8分别给出了在不同法治水平下，模型（5-1）、模型（5-2）和模型

**表5.8 法治水平与高管社会资本对债务融资成本的影响回归结果**

| Variable | $R_d$ | | | | | |
|---|---|---|---|---|---|---|
| | (1)<br>高 | (2)<br>低 | (3)<br>高 | (4)<br>低 | (5)<br>高 | (6)<br>低 |
| SocialT | -1.183**<br>(-2.03) | -0.848*<br>(-1.71) | — | — | — | — |
| PI | — | — | -0.032<br>(-1.03) | 0.054**<br>(2.02) | — | — |
| Politics | — | — | 0.845***<br>(3.63) | 0.422**<br>(2.35) | — | — |
| P1 * P2 | — | — | -0.243***<br>(-3.00) | -0.197***<br>(-2.92) | — | — |
| Banklink | — | — | — | — | 0.070<br>(0.84) | -0.108*<br>(1.82) |
| Size | 0.001<br>(-1.71) | 0.010<br>(-1.71) | -0.003<br>(-0.14) | -0.009<br>(-0.35) | -0.002<br>(-0.10) | 0.000<br>(0.02) |
| Shrcr1 | -0.000<br>-0.000 | -0.000<br>(-0.36) | -0.000<br>(-0.20) | -0.001<br>(-0.68) | -0.000<br>(-0.16) | -0.001<br>(-0.91) |
| Roa | -1.000***<br>(-2.70) | -1.369***<br>(-3.85) | -1.052***<br>(-2.99) | -1.278***<br>(-3.67) | -1.200***<br>(-3.34) | -1.190***<br>(-3.37) |
| Leverage | 0.848***<br>(7.50) | 1.008***<br>(7.78) | 0.846***<br>(7.47) | 1.015***<br>(7.95) | 0.845***<br>(7.40) | 1.028***<br>(7.98) |
| C2 | -0.078<br>(-1.28) | -0.005<br>(-0.10) | -0.062<br>(-1.01) | -0.002<br>(-0.03) | -0.075<br>(-1.19) | 0.005<br>(0.10) |
| Age | 0.045<br>(1.23) | 0.036<br>(0.94) | 0.049<br>(1.33) | 0.025<br>(0.65) | 0.046<br>(1.23) | 0.040<br>(1.05) |
| Tradecredit | -0.052***<br>(-4.09) | -0.120***<br>(-7.08) | -0.052***<br>(-4.10) | -0.116***<br>(-6.86) | -0.055***<br>(-4.26) | -0.117***<br>(-6.97) |
| Growth | 0.009<br>(-6.97) | 0.037*<br>(1.75) | 0.007<br>(0.41) | 0.037*<br>(1.78) | 0.009<br>(0.49) | 0.036*<br>(1.74) |

表5.8(续)

| Variable | $R_d$ | | | | | |
|---|---|---|---|---|---|---|
| | (1)<br>高 | (2)<br>低 | (3)<br>高 | (4)<br>低 | (5)<br>高 | (6)<br>低 |
| Intang | 0.425*<br>(1.82) | 0.487<br>(1.25) | 0.082<br>(0.33) | 0.395<br>(1.05) | 0.455*<br>(1.94) | 0.284<br>(0.74) |
| Mulinterest | 0.000<br>(0.59) | 0.000<br>(0.56) | 0.000<br>(0.49) | 0.000<br>(0.78) | 0.000<br>(0.63) | 0.000<br>(0.22) |
| Tang | 0.455***<br>(4.47) | 0.462***<br>(4.36) | 0.436***<br>(4.26) | 0.454***<br>(4.23) | 0.445***<br>(4.23) | 0.447***<br>(4.17) |
| Independent | −0.248<br>(−1.49) | −0.292<br>(−1.11) | −0.245<br>(−1.49) | −0.223<br>(−0.85) | −0.204<br>(−1.22) | −0.225<br>(−0.85) |
| Big | 0.048**<br>(2.09) | −0.036<br>(−1.51) | 0.042*<br>(1.83) | −0.037<br>(−1.59) | 0.044*<br>(1.91) | −0.038<br>(−1.60) |
| Organ | 0.143***<br>(2.83) | — | 0.147***<br>(2.96) | −0.048<br>(−1.08) | 0.134***<br>(2.65) | −0.039<br>(−0.86) |
| *N* | 343 | 343 | 343 | 343 | 343 | 343 |
| r2_a | 0.376 | 0.389 | 0.391 | 0.403 | 0.365 | 0.401 |
| F | 13.420 | 15.819 | 12.681 | 14.026 | 11.465 | 13.856 |

注：①表格内的数字上面表示估计系数，下面括号内的数字表示 P 值；②***、**、*分别表示1%，5%，10%的显著性水平。

（5-4）的回归结果，由前两列的结果可以看出，高管社会资本的系数均显著为负，说明法治水平在高管社会资本与债务融资成本间起到的作用不是很大。第 3 列和第 4 列主要是考察不同法治水平下，高管政治关联对债务融资的影响是否存在差异性。发现政治关联（Politics）的系数均显著为正，高管政治身份只有在法治水平低的一组中显著为正，这说明在法治水平低的地区中，企业高管的政治关联会在负债融资中带来负面效应，同样拥有政治身份高管为了自身职业的追求，对债务融资也造成负面效应，然而当高管同时拥有这两项社会资本时，其综合效果会对债务融资成本产生积极效应。第 5 列和第 6 列主要是考察不同法治水平下，高管金融关联与债务融资成本的关系。只有在第 6 列中，高管的金融关联和高管专业背景的系数是显著为负的，而交互项的系数为负但不显著，说明在法治水平低的地区中，高管与银行的关系以及自身的专业素质都能够帮助企业降低债务融资成本，同时这也表明高管金融关联和专业背景下两类高管社会资本与法治在某种程度上有替代作用，高管的金融关联和专业背景弥补了法律缺失对创业板上市公司的保护。

### 5.5.4 金融市场化与高管社会资本对债务融资成本的影响回归结果

表 5.9 给出了在不同金融市场化水平下模型（5-1）、模型（5-2）和模型

表 5.9 金融市场化与高管社会资本对债务融资成本的影响回归结果

| Variable | $R_d$ | | | | | |
|---|---|---|---|---|---|---|
| | (1)<br>高 | (2)<br>低 | (3)<br>高 | (4)<br>低 | (5)<br>高 | (6)<br>低 |
| SocialT | -1.092*<br>(-1.84) | -0.945**<br>(-2.13) | — | — | — | — |
| PI | — | — | 0.011<br>(0.44) | 0.030<br>(0.90) | — | — |
| Politics | — | — | 0.976***<br>(5.04) | -0.002<br>(-0.01) | — | — |
| P1 * P2 | — | — | -0.294***<br>(-4.09) | -0.074<br>(-1.04) | — | — |
| Banklink | — | — | — | — | 0.142*<br>(1.93) | 0.045<br>(0.43) |
| Size | 0.003<br>(0.15) | 0.011<br>(0.40) | -0.011<br>(-0.52) | 0.001<br>(0.03) | 0.007<br>(0.34) | 0.002<br>(0.08) |
| Shrcr1 | -0.000<br>(-0.48) | -0.001<br>(-1.33) | 0.001<br>(0.83) | -0.001<br>(-1.06) | 0.001<br>(1.02) | -0.002<br>(-1.57) |
| Roa | -1.007***<br>(-2.67) | -1.121***<br>(-2.67) | -1.258***<br>(-3.79) | -1.057***<br>(-2.78) | -1.359***<br>(-3.95) | -1.045***<br>(-2.75) |
| Leverage | 0.827***<br>(7.19) | 0.985***<br>(6.53) | 0.917***<br>(8.98) | 1.000***<br>(6.56) | 0.876***<br>(8.32) | 1.006***<br>(6.64) |
| C2 | -0.066<br>(-1.07) | -0.056<br>(-0.98) | 0.014<br>(0.27) | -0.050<br>(-0.86) | 0.005<br>(0.10) | -0.035<br>(-0.61) |
| Age | 0.044<br>(1.18) | 0.097**<br>(2.51) | 0.027<br>(0.75) | 0.083**<br>(2.15) | 0.023<br>(0.62) | 0.087**<br>(2.25) |
| Tradecredit | -0.052***<br>(-4.10) | -0.072***<br>(-4.53) | -0.088***<br>(-6.76) | -0.071***<br>(-4.44) | -0.092***<br>(-6.82) | -0.073***<br>(-4.55) |
| Growth | -0.002<br>(-0.14) | 0.000<br>(1.30) | 0.020<br>(1.65) | 0.000<br>(1.33) | 0.022*<br>(1.78) | 0.000<br>(1.25) |
| Intangible | 0.438*<br>(1.87) | 0.642**<br>(2.04) | -0.088<br>(-0.34) | 0.620*<br>(1.92) | 0.221<br>(0.85) | 0.560*<br>(1.78) |
| Mulinterest | 0.000<br>(0.64) | 0.001**<br>(2.49) | 0.000<br>(0.06) | 0.001**<br>(2.43) | -0.000<br>(-0.43) | 0.001**<br>(2.41) |

表5.9(续)

| Variable | $R_d$ | | | | | |
|---|---|---|---|---|---|---|
| | (1)<br>高 | (2)<br>低 | (3)<br>高 | (4)<br>低 | (5)<br>高 | (6)<br>低 |
| Tang | 0.441***<br>(4.38) | 0.500***<br>(4.10) | 0.405***<br>(4.56) | 0.471***<br>(3.74) | 0.431***<br>(4.65) | 0.450***<br>(3.64) |
| Independent | -0.246<br>(-1.47) | -0.075<br>(-0.35) | -0.351*<br>(-1.90) | -0.119<br>(-0.54) | -0.285<br>(-1.48) | -0.081<br>(-0.37) |
| Big | 0.048**<br>(2.05) | -0.032<br>(-1.26) | 0.029<br>(1.36) | -0.028<br>(-1.09) | 0.030<br>(1.36) | -0.034<br>(-1.36) |
| Organ | 0.142***<br>(2.82) | -0.029<br>(-0.58) | 0.057<br>(1.30) | -0.024<br>(-0.49) | 0.051<br>(1.11) | -0.022<br>(-0.43) |
| MarketizationD | — | -0.017<br>(-1.32) | -0.038**<br>(-2.30) | -0.017<br>(-1.28) | -0.034**<br>(-2.00) | -0.015<br>(-1.14) |
| _cons | -0.432<br>(-0.85) | -0.275<br>(-0.44) | 0.588<br>(1.10) | -0.037<br>(-0.06) | 0.114<br>(0.21) | 0.076<br>(0.12) |
| *N* | 343 | 3 343 | 343 | 343 | 343 | 343 |
| r2_a | 0.375 | 0.389 | 0.424 | 0.381 | 0.383 | 0.390 |
| F | 12.515 | 12.161 | 15.438 | 10.661 | 13.163 | 10.931 |

注：①表格内的数字上面表示估计系数，下面括号内的数字表示 P 值；②***、**、*分别表示1%，5%，10%的显著性水平。

(5-4) 的回归结果。在不同金融市场化水平中，高管社会资本的系数均显著为负，并且发现在金融市场化水平低的地区，这种负向关系更显著。第 3 列和第 4 列分别反映的是不同金融市场化与高管的政治关联对债务融资成本的影响。在金融市场化高的地区，高管的政治关联的系数显著为正，这与全样本的系数符号相反，说明在金融市场化高的地区，若创业板上市公司在债务融资方面过度依赖政治关系的建立，企业更多依赖于市场自身的规则，若花更多精力于政治关联的建立，产生的机会成本往往不容小觑，这也表明金融市场化与政治关联具有替代性。但当高管具有政治关联再加上对自身政治身份的考虑，会约束自己的行为，从而对债务融资有积极效应。第 5 列和第 6 列反映的是高管金融关联在不同金融市场化水平下对债务融资成本的影响效应，第 5 列金融关联的系数显著为正，说明在金融市场化与高管的金融关联作用于债务融资成本方面，具有替代作用。这也说明了在制度环境差的环境下，企业认识到高管金融相关经验的重要性，同样对于投资者而言是一个利好信号，所承担的风险降低从而使得融资成本更低。这从另一侧面证明了在金融市场化与高管的金融相关背景之间出现替代作用，这时候企业的高管倾向于积累自身专业知识相关的社会资本。虽然高管金融关联和专业背景两者的交互项系数为负，但不显著。最后说明在金融市场化低的地区，高管会利用社会资本，主要是利用其专业背景来帮助企业渡过难关，解决与投资者间的信息不对称问题。

### 5.5.5 金融行业竞争与高管社会资本对债务融资成本的影响回归结果

表 5.10 分别列示了在不同金融行业竞争水平下，高管社会资本、高管政治

**表 5.10 金融行业竞争程度与高管社会资本对债务融资成本的影响回归结果**

| Variable | $R_d$ | | | | | |
|---|---|---|---|---|---|---|
| | (1)<br>高 | (2)<br>低 | (3)<br>高 | (4)<br>低 | (5)<br>高 | (6)<br>低 |
| SocialT | -0.669<br>(-1.25) | -1.189**<br>(-2.25) | — | — | — | — |
| PI | — | — | 0.005<br>(0.21) | 0.031<br>(0.98) | — | — |
| Politics | — | — | 0.891***<br>(4.96) | 0.032<br>(0.15) | — | — |
| P1 * P2 | — | — | -0.267***<br>(-3.88) | -0.106<br>(-1.40) | — | — |
| Banklink | — | — | — | — | 0.204***<br>(2.79) | -0.076*<br>(-1.75) |
| Size | 0.023<br>(1.15) | 0.002<br>(0.07) | 0.007<br>(0.36) | -0.015<br>(-0.50) | 0.018<br>(0.92) | -0.006<br>(-0.20) |
| Shrcr1 | 0.001<br>(0.99) | -0.001<br>(-1.05) | 0.001<br>(0.85) | -0.001<br>(-0.85) | 0.001<br>(0.96) | -0.001<br>(-1.25) |
| Roa | -0.834**<br>(-2.57) | -1.588***<br>(-3.86) | -0.769**<br>(-2.51) | -1.417***<br>(-3.46) | -0.855***<br>(-2.72) | -1.453***<br>(-3.49) |
| Leverage | 0.989***<br>(9.09) | 0.902***<br>(6.40) | 1.006***<br>(9.56) | 0.931***<br>(6.57) | 1.001***<br>(9.28) | 0.879***<br>(6.19) |
| C2 | -0.046<br>(-0.95) | 0.006<br>(0.09) | -0.039<br>(-0.83) | 0.002<br>(0.03) | -0.041<br>(-0.83) | 0.006<br>(0.09) |
| Age | -0.016<br>(-0.47) | 0.104**<br>(2.53) | -0.004<br>(-0.13) | 0.090**<br>(2.17) | -0.010<br>(-0.29) | 0.095**<br>(2.30) |
| Tradecredit | -0.061***<br>(-5.26) | -0.117***<br>(-6.05) | -0.061***<br>(-5.42) | -0.115***<br>(-6.00) | -0.063***<br>(-5.42) | -0.113***<br>(-5.83) |
| Growth | 0.008<br>(0.76) | 0.000<br>(1.07) | 0.009<br>(0.79) | 0.000<br>(1.06) | 0.011<br>(1.02) | 0.000<br>(1.12) |

表5.10(续)

| Variable | $R_d$ | | | | | |
|---|---|---|---|---|---|---|
| | (1)<br>高 | (2)<br>低 | (3)<br>高 | (4)<br>低 | (5)<br>高 | (6)<br>低 |
| Intang | 0.311<br>(1.44) | 0.426<br>(1.44) | −0.036<br>(−0.16) | 0.374<br>(0.84) | 0.344<br>(1.60) | 0.129<br>(0.28) |
| Mulinterest | 0.000<br>(0.41) | 0.000<br>(1.57) | 0.000<br>(0.78) | 0.000<br>(1.47) | 0.000<br>(0.37) | 0.000<br>(1.45) |
| Tang | 0.360***<br>(4.00) | 0.527***<br>(4.39) | 0.344***<br>(3.87) | 0.518***<br>(4.25) | 0.333***<br>(3.60) | 0.505***<br>(4.15) |
| Independent | −0.239<br>(−1.50) | −0.092<br>(−0.32) | −0.261*<br>(−1.71) | −0.158<br>(−0.55) | −0.241<br>(−1.53) | −0.080<br>(−0.28) |
| Big | 0.019<br>(0.90) | −0.017<br>(−0.64) | 0.013<br>(0.64) | −0.018<br>(−0.66) | 0.014<br>(0.66) | −0.010<br>(−0.38) |
| Organ | 0.095**<br>(2.07) | −0.032<br>(−0.65) | 0.087**<br>(1.97) | −0.031<br>(−0.63) | 0.092**<br>(2.03) | −0.021<br>(−0.43) |
| FinancialcomD | −0.009<br>(−0.94) | −0.004<br>(−0.34) | −0.011<br>(−1.23) | −0.006<br>(−0.53) | −0.009<br>(−1.04) | −0.004<br>(−0.35) |
| _cons | −0.487<br>(−1.10) | −0.327 | −0.155<br>(−0.36) | 0.077<br>(0.11) | −0.419<br>(−0.94) | 0.046<br>(0.07) |
| *N* | 343 | 343 | 343 | 343 | 343 | 343 |
| r2_a | 0.391 | 0.381 | 0.432 | 0.376 | 0.403 | 0.376 |
| F | 15.067 | 11.882 | 15.806 | 10.549 | 14.143 | 10.483 |

注：①表格内的数字上面表示估计系数，下面括号内的数字表示P值；②***、**、*分别表示1%，5%，10%的显著性水平

关联、高管金融关联对债务融资成本的影响。在第2列中，高管社会资本(SocialT)的系数在5%的水平下显著为负，说明在金融行业竞争水平低的地区，创业板上市公司这类民营企业容易受到银行业的金融歧视，融资较为困难，高管利用社会资本帮助企业融资，能够大幅度降低其交易成本。第3列和第4列分别反映的是不同金融行业竞争水平下，高管的政治关联对债务融资成本的影响。在金融行业竞争激烈的地区，高管的政治关联的系数显著为正，说明在金融行业竞争激烈的情况下，银行需要识别出优质企业并为其提供贷款，这时对民营企业的金融歧视作用不明显，若创业板上市企业高管同时具备政治关联和政治身份，给此类企业贷款会降低银行风险水平，便会以更低的利率让企业获得贷款。第5列和第6列分别列示了不同金融行业竞争程度下高管金融

关联对债务融资的影响效应，第6列中高管金融关联（Banklink）的系数显著为负，说明在金融行业竞争程度较小时，创业板上市公司为了从银行以更低成本融得资金，往往会借助高管与金融关联程度和专业知识。总而言之，当金融行业竞争程度变得更加激烈时，创业板上市公司依赖自身的社会资本融资的效用在递减，需要高管花更多的精力来经营企业，从而使企业获得更低的融资成本。

### 5.5.6 社会信任与高管社会资本对债务融资成本的影响回归结果

为了进一步验证高管社会资本债务融资成本的作用机理，本书从宏观环境上定义了宏观层面的社会资本，并考察了不同社会信任水平上高管社会资本与债务融资成本的关系，回归结果如表5.11所示。研究发现只有第1列的高管

表5.11 社会信任与高管社会资本对债务融资成本的影响回归结果

| Variable | $R_d$ | | | | | |
|---|---|---|---|---|---|---|
| | (1)<br>高 | (2)<br>低 | (3)<br>高 | (4)<br>低 | (5)<br>高 | (6)<br>低 |
| SocialT | -0.949 * <br>(-1.78) | -0.380<br>(-0.70) | — | — | — | — |
| PI | — | — | 0.063 ** <br>(2.12) | -0.009<br>(-0.34) | — | — |
| Politics | — | — | 0.425 * <br>(1.87) | 0.618 *** <br>(3.44) | — | — |
| P1 * P2 | — | — | -0.198 ** <br>(-2.49) | -0.182 *** <br>(-2.73) | — | — |
| Banklink | — | — | — | — | 0.072<br>(0.79) | -0.150 * <br>(1.81) |
| Size | 0.027<br>(1.11) | -0.013<br>(-0.54) | 0.010<br>(0.39) | -0.014<br>(-0.60) | 0.024<br>(0.95) | -0.018<br>(-0.79) |
| Shrcr1 | 0.001<br>(0.51) | -0.001<br>(-0.92) | 0.000<br>(0.40) | -0.001<br>(-1.20) | 0.000<br>(0.41) | -0.001<br>(-0.99) |
| Roa | -1.305 *** <br>(-3.51) | -1.239 *** <br>(-3.34) | -1.088 *** <br>(-2.95) | -1.376 *** <br>(-3.85) | -1.127 *** <br>(-3.03) | -1.293 *** <br>(-3.61) |
| Leverage | 0.997 *** <br>(8.27) | 0.735 *** <br>(5.84) | 1.028 *** <br>(8.63) | 0.743 *** <br>(5.91) | 1.016 *** <br>(8.28) | 0.727 *** <br>(5.76) |
| C2 | 0.012<br>(0.14) | -0.045<br>(-0.99) | 0.016<br>(0.19) | -0.050<br>(-1.11) | 0.016<br>(0.20) | -0.035<br>(-0.76) |
| Age | 0.045<br>(1.23) | 0.046<br>(1.21) | 0.032<br>(0.88) | 0.044<br>(1.18) | 0.039<br>(1.04) | 0.052<br>(1.38) |

表5.11(续)

| Variable | $R_d$ | | | | | |
|---|---|---|---|---|---|---|
| | (1)<br>高 | (2)<br>低 | (3)<br>高 | (4)<br>低 | (5)<br>高 | (6)<br>低 |
| Tradecredit | -0.104***<br>(-6.87) | -0.056***<br>(-3.95) | -0.101***<br>(-6.63) | -0.059***<br>(-4.22) | -0.103***<br>(-6.74) | -0.055***<br>(-3.89) |
| Growth | 0.000<br>(1.20) | -0.001<br>(-0.06) | 0.000<br>(1.28) | -0.000<br>(-0.02) | 0.000<br>(1.13) | -0.000<br>(-0.02) |
| Intang | 0.610<br>(1.50) | 0.358<br>(1.52) | 0.583<br>(1.47) | 0.044<br>(0.17) | 0.477<br>(1.17) | 0.387<br>(1.63) |
| Mulinterest | 0.000<br>(0.21) | 0.001***<br>(2.76) | 0.000<br>(0.51) | 0.001***<br>(2.79) | 0.000<br>(0.12) | 0.001***<br>(2.76) |
| Tang | 0.429***<br>(4.01) | 0.431***<br>(4.26) | 0.423***<br>(3.96) | 0.414***<br>(4.01) | 0.441***<br>(4.07) | 0.415***<br>(4.00) |
| Independent | -0.384*<br>(-1.67) | -0.081<br>(-0.44) | -0.372<br>(-1.63) | -0.043<br>(-0.23) | -0.401*<br>(-1.71) | -0.073<br>(-0.40) |
| Big | -0.014<br>(-0.56) | 0.021<br>(0.91) | -0.015<br>(-0.64) | 0.019<br>(0.83) | -0.013<br>(-0.53) | 0.021<br>(0.93) |
| TrustD | -0.000<br>(-1.12) | -0.000**<br>(-2.05) | -0.000<br>(-0.57) | -0.000*<br>(-1.80) | -0.000<br>(-0.89) | -0.000*<br>(-1.75) |
| Organ | — | 0.068<br>(1.53) | -0.003<br>(-0.05) | 0.071<br>(1.61) | -0.006<br>(-0.12) | 0.068<br>(1.52) |
| _cons | -0.660<br>(-1.20) | 0.164<br>(0.32) | -0.317<br>(-0.58) | 0.183<br>(0.36) | -0.557<br>(-1.00) | 0.272<br>(0.52) |
| *N* | 343 | 343 | 343 | 343 | 343 | 343 |
| r2_a | 0.389 | 0.361 | 0.395 | 0.382 | 0.381 | 0.365 |
| F | 14.938 | 11.750 | 13.004 | 11.426 | 12.246 | 10.699 |

注：①表格内的数字上面表示估计系数，下面括号内的数字表示 P 值；②***、**、* 分别表示 1%，5%，10%的显著性水平。

社会资本的系数显著为负，说明在社会信任水平高的地区中，人们更愿意建立信任感，从而使得高管积累社会资本的成本更低，更容易获得社会资本，高管社会资本对债务融资成本的影响更大。第 3 列和第 4 列报告了在不同社会信任水平下，高管政府关联在债务融资中的效用，结果显示两列中高管的政治关联的系数都显著为正，与高管政治身份的交互项显著为负，说明在不同社会信任环境下，高管政治关联会对债务融资产生一定的负面效应。当再考虑高管的政治身份后，这种效应的负面效果会降低，从而有利于企业债务融资。第 5 列和第6列报告了在不同社会信任水平下，高管金融关联在债务融资中的效用，发现只有在社会信任度低的环境下，高管的金融关联对债务融资成本的效应得到加强，进一步表明高管的金融关联与社会信任在对债务融资成本的影响方面有着替代作用。在控制变量方面，只有在第2列、第4列和第6列中的社会信任（TrustD）的系数显著为负，说明只有在社会信任水平低的地区中，社会信任能够降低企业债务融资成本。

### 5.5.7 信贷市场化与高管社会资本对债务融资成本的影响回归结果

表5.12分别报告了在不同信贷资金市场化下，高管社会资本以及高管的

表5.12 信贷市场化与高管社会资本对债务融资成本的影响回归结果

| Variable | $R_d$ | | | | | |
|---|---|---|---|---|---|---|
| | (1)<br>高 | (2)<br>低 | (3)<br>高 | (4)<br>低 | (5)<br>高 | (6)<br>低 |
| SocialT | -0.976<br>(-0.81) | -0.505**<br>(-2.01) | — | — | — | — |
| PI | — | — | 0.033<br>(1.38) | 0.004<br>(0.10) | — | — |
| Politics | — | — | 0.570***<br>(3.16) | -0.412*<br>(1.82) | — | — |
| P1 * P2 | — | — | -0.243***<br>(-3.77) | -0.114<br>(-1.33) | — | — |
| Banklink | — | — | — | — | 0.064<br>(0.89) | -0.256**<br>(2.10) |
| Size | 0.004<br>(0.17) | 0.022<br>(0.79) | -0.015<br>(-0.71) | 0.018<br>(0.66) | -0.002<br>(-0.10) | 0.019<br>(0.67) |
| Shrcr1 | 0.000<br>(0.52) | -0.000<br>(-0.35) | 0.000<br>(0.31) | -0.000<br>(-0.36) | 0.000<br>(0.19) | -0.000<br>(-0.10) |
| Roa | -1.361***<br>(-4.50) | -1.583***<br>(-2.99) | -1.321***<br>(-4.45) | -1.571***<br>(-3.14) | -1.227***<br>(-4.05) | -1.766***<br>(-3.61) |
| Leverage | 0.876***<br>(8.49) | 0.977***<br>(5.82) | 0.925***<br>(9.07) | 0.981***<br>(5.75) | 0.882***<br>(8.51) | 0.983***<br>(5.86) |
| C2 | 0.027<br>(0.50) | -0.067<br>(-1.11) | 0.024<br>(0.45) | -0.077<br>(-1.27) | 0.033<br>(0.62) | -0.073<br>(-1.19) |
| Age | 0.019<br>(0.58) | 0.075*<br>(1.70) | 0.009<br>(0.26) | 0.069<br>(1.56) | 0.018<br>(0.54) | 0.081*<br>(1.84) |

表5.12(续)

| Variable | $R_d$ | | | | | |
|---|---|---|---|---|---|---|
| | (1)<br>高 | (2)<br>低 | (3)<br>高 | (4)<br>低 | (5)<br>高 | (6)<br>低 |
| Tradecredit | -0.103 ***<br>(-7.78) | -0.051 ***<br>(-3.16) | -0.104 ***<br>(-7.88) | -0.051 ***<br>(-3.15) | -0.100 ***<br>(-7.54) | -0.055 ***<br>(-3.38) |
| Growth | 0.000<br>(1.24) | -0.014<br>(-0.95) | 0.000<br>(1.33) | -0.010<br>(-0.72) | 0.000<br>(1.18) | -0.014<br>(-0.98) |
| Intang | 0.359<br>(1.05) | 0.391<br>(1.46) | 0.274<br>(0.82) | 0.188<br>(0.65) | 0.225<br>(0.66) | 0.410<br>(1.53) |
| Mulinterest | -0.000<br>(-0.03) | 0.000<br>(1.13) | 0.000<br>(0.14) | 0.000<br>(1.24) | -0.000<br>(-0.20) | 0.000<br>(1.14) |
| Tang | 0.475 ***<br>(5.44) | 0.374 **<br>(2.40) | 0.458 ***<br>(5.26) | 0.343 **<br>(2.19) | 0.464 ***<br>(5.25) | 0.359 **<br>(2.31) |
| Independent | -0.413 **<br>(-2.06) | -0.045<br>(-0.22) | -0.410 **<br>(-2.07) | -0.049<br>(-0.24) | -0.420 **<br>(-2.08) | -0.012<br>(-0.06) |
| Big | -0.001<br>(-0.03) | 0.023<br>(0.84) | -0.008<br>(-0.39) | 0.019<br>(0.68) | -0.001<br>(-0.07) | 0.028<br>(1.02) |
| Organ | -0.043<br>(-0.97) | 0.122 **<br>(2.41) | -0.042<br>(-0.96) | 0.116 **<br>(2.30) | -0.030<br>(-0.65) | 0.111 **<br>(2.18) |
| Creditlevel | -0.002<br>(-0.13) | 0.012<br>(0.73) | -0.006<br>(-0.53) | 0.016<br>(0.96) | -0.004<br>(-0.30) | 0.013<br>(0.79) |
| _cons | -0.076<br>(-0.14) | -0.949<br>(-1.47) | 0.401<br>(0.77) | -0.904<br>(-1.41) | 0.164<br>(0.31) | -0.987<br>(-1.50) |
| *N* | 343 | 343 | 343 | 343 | 343 | 343 |
| r2_a | 0.380 | 0.375 | 0.394 | 0.378 | 0.379 | 0.380 |
| F | 16.886 | 9.163 | 16.032 | 8.363 | 15.077 | 8.427 |

注：①表格内的数字上面表示估计系数，下面括号内的数字表示 t 值；② ***、**、* 分别表示1%，5%，10%的显著性水平。

特殊社会资本（政治关联和金融关联）对债务融资成本的影响效应，虽然在第 1 列和第 2 列中，高管社会资本的系数均为负，但只有在信贷资金市场化低的地区显著，说明在信贷资金市场化低的情况下，高管社会资本对企业债务融资起到作用。第 3 列和第 4 列分别反映的是在不同信贷水平下，高管的政治关联对债务融资成本的影响。在信贷市场化水平低的地区，高管的政治关联的系数显著为负，说明信贷水平与政治关系在债务融资方面存在替代性，这也说明了处于信贷水平高的地区，企业应该好好经营企业本身，减少不必要的活动产生的时间成本。但当高管具有政治关联再加上自身政治身份的考虑，会约束自己的行为，从而对债务融资有积极效应。第 5 列和第 6 列反映的是高管金融关联在不同信贷水平下对债务融资成本的影响效应，说明在信贷水平低的地区，创业板上市公司高管的金融关联是能够显著影响债务融资成本的。这也说明了在制度环境差的环境下，企业认识到高管专业背景的重要性，同样对于投资者而言是一个利好信号，所承担的风险降低从而使得融资成本更低。这也从另一侧面证实了在信贷水平与高管的金融相关背景之间出现替代作用，这时企业的高管倾向于积累与自身专业知识相关的社会资本。最后说明在信贷水平低的地区，高管会利用社会资本，主要是利用其专业背景来帮助企业渡过难关，解决与投资者之间的信息不对称问题。

## 5.6 稳健性检验

若将债权融资成本测算方法换作以创业板上市公司当年新增长期借款利率来衡量，作为公司面临的边际债权成本。公司当年新增长期借款利率需要先知道公司当年新增加的长期债务，但有些公司在报表里不会专门披露这一项信息，则采用同期银行长期贷款利率来替代，并减去抵税后的融资成本即为：$rd=I\times(1-t)$。其中，$I$ 为上市公司当年新增长期借款利率，$t$ 为企业当年实际所得税率。这一数字就更接近于企业实际面临的边际债权融资成本。检验结果发现，大部分检验结果并没有发生实质性的改变。另外，我们将债权融资成本测算方法换为上文提到的净财务费用占比，检验结果发现，大部分检验结果同样未发生实质性的改变。

## 5.7 研究结论与启示

我们首先考察了创业板上市公司高管社会资本对债务融资成本是否发生显著影响；同时我们还将从高管社会资本的三个层面，分别单独研究其与债务融资成本的影响并进行对比分析；接着专门研究了高管政治关联和高管金融关联对债务融资成本的影响效应；此外，我们还将制度环境因素引入高管社会资本的模型中，也考察了制度环境因素在高管社会资本与债务融资成本之间起到的效果。本书通过细分不同类型的高管社会资本，系统研究了高管社会资本对我国创业板上市公司债务融资成本的影响，主要研究结论如下：

（1）总地来说，高管社会资本能够降低创业板公司债务融资成本。具体地，横向高管社会资本和纵向社会资本均有降低作用，但高管声誉对公司债务融资成本的影响却不显著。这表明，在信息时代，债权人在寻求借款人信息时，对媒体信息没有过多的依赖，反而偏向于接受与自身关系更为密切且有更多话语权的高管。因此，拥有更紧密关系的高管，较易获得融资所需的关键资源，利用方式更便捷，交易成本更低，能在一定程度上缓解借款双方的信息不对称状态，自身的风险水平也得到降低，最终降低了企业的债务融资成本。

（2）高管政治关联和金融关联都能够降低公司债务融资成本，高管政治关联的影响程度更大。政治关联具有权力性，金融关联具有市场性，两者性质的差异导致所受的约束因素也不同。对于高管的政治关联，在考虑高管政治身份这一社会资本后，两者的交互项能够加强高管政治关联降低债务融资成本的程度。国有股权与高管政治关联在影响债务融资成本方面存在替代性。这说明高管与政府联系越紧密，职务越高时，高管无论为了职位的晋升还是避免道德风险，都会积极为企业本身考虑，帮助其得到更多关键融资资源来改善业绩，实现双赢。当创业板公司含有国有股权时，在获得银行信贷支持方面对高管政治关联的依赖程度会显著降低，这说明高管社会资本与国有股权在企业获得银行贷款方面存在替代机制。对于高管金融关联，在不同银企关系的创业板公司中，其对债务融资成本的影响是有差异的。在银企关系多的企业中，高管金融关联的债务融资效应更大。进一步发现，只有在银企关系多的企业中，企业银行股东背景与高管金融关联的交互项能够降低债务融资成本。

（3）不同制度环境下，高管社会资本对公司债务融资成本的影响效应有所差异。无论是高管社会资本、政治关联和金融关联，货币政策对其债务融资效应的影响甚小。本书进一步发现，在信贷市场化低、法治水平低、政府干预强、金融市场化低、金融行业竞争低的地区，高管社会资本和金融关联对债务融资的影响程度会加强；而在社会信任度高的地区，高管社会资本对债务融资的影响程度会加强，而高管金融关联却与社会信任有替代关系。这表明在制度缺失的环境下，高管社会资本和高管金融关联在一定程度上与这些正式的制度存在替代性。高管政治关联只有在政府干预强的条件下，能够起到债务融资效应。其余不同制度环境下，单一作用均会使得债务融资成本更高，只有加入高管政治身份后，两者的交互项才能够在制度环境差时起到降低的作用。

以上研究结论给我们的启示是：在我国市场化制度不健全的情况下，高管无论是利用何种类型的高管社会资本为企业获取贷款资源，都是在帮助企业缓解制度缺陷带来的融资压力，这种基于关系的契约在一定程度上有助于促进创业板公司的发展。虽然在制度不健全的条件下，政治关联对民营企业的发展具有相当的积极作用，但是，公司依赖于政治关系和金融关联获取银行贷款并不是没有成本的，当付出成本增加甚至远大于所得收益时，就会影响整个社会的资源配置，造成一定的资源浪费。因此，要完善解决债务融资的问题，仅依赖高管社会资本这一因素是远远不够的，需要完善信用机制，促进金融市场发展使得创业板公司得到更多的保护，为创业板公司建立更加市场化的制度环境。

# 6 创业板公司高管社会资本与权益融资成本

## 6.1 引言

权益融资成本一直被广泛应用于资本市场领域，无论对于企业自身还是权益投资者而言，它都是很关键的概念。然而权益融资成本在度量和影响因素上都是难题。传统的研究结果表明，权益融资成本受系统性风险、账面市值比、企业规模、流动性等公司财务特征，以及利率、通货膨胀、全球化程度等宏观经济变量的影响。随着法与财务学研究的推进，后续的研究发现，权益融资成本除了受上述因素影响之外，还与非正式制度因素有关。对于还处在经济转型过程中的中国而言，关注非正式的制度因素对于经济现象，特别是民营经济发展的解释有着更为特殊的意义。一方面，民营企业缺少正式制度所带给国有企业的有效产权保护和保障，无论是合约的签订还是履行合约都面临着较高的交易成本，此时非正式制度将替代正式制度的缺失而充当合约机制和保护机制的角色；另一方面，非正式制度给民营企业生存与发展提供了可靠的保证，反过来企业对它的依赖会推动企业高级管理人员更积极投身于建立和积累自身的社会关系网络，使得自身或企业在非正式制度环境下有更多的话语权。而创业板上市公司绝大多数成立时期较短，多是具备一定的创新性和成长性的民营企业，企业发展壮大更亟须高管建立自身的社会资本。

基于此，本书在社会资本嵌入性理论的基础上，着重探讨我国创业板上市公司的权益融资问题，主要体现在两个方面：一是创业板公司高管社会资本对其的影响效应是什么；二是这种作用是否会受外界环境的影响，特别是在不同制度背景下高管社会资本与权益融资成本的关系会受到影响而呈现出差异性。

具体而言，有别于以往的研究，本部分的贡献主要体现在两方面：①目前尚无文献专门深入研究高管社会资本对创业板上市公司权益融资成本的影响机理，本部分着重研究分析资源依赖理论、声誉机制在其中起到的作用，从而加深了对创业板公司高管社会资本功效的认识，也丰富了对创业板上市公司融资成本的研究文献。②基于前文分析，从高管社会资本的横向、纵向和网络三个层面出发，研究分析不同类型高管社会资本发挥融资决策作用的机理，并进一步研究对权益融资有影响的高管社会资本之间的相互作用在权益融资中的作用机理。

本章的其余部分安排如下：第 2 节为理论分析与研究假设的推导；第 3 节为研究设计和变量说明；第 4 节为实证结果分析；第 5 节为稳健性分析；第 6 节为研究结论与启示。

## 6.2 理论分析和研究假设

### 6.2.1 不同维度的高管社会资本的影响效应

已有文献研究以及实践表明，制度的缺失和落后并未阻止国家经济的高速发展，这是因为企业往往会积极寻找非正规的替代机制来帮助企业实现价值最大化，而社会资本正是企业家或高管所追求的替代机制。关于个人层面的社会资本，学者们更多集中于关注企业家社会资本对于企业获取资源的作用，并且做了大量的实证研究，提出了许多新颖的观点。高管在民营企业的投融资决策中起着决定性作用，而目前对于高管社会资本作用的研究却较少。基于我国的特殊背景，高管更倾向于主动动员和获取企业发展所需要的资源，这为本书解释创业板上市公司融资问题提供了一个新的视角。例如企业家经常通过个人的社会关系网络接触到企业发展所需的各种关系人，包括风险投资家、潜在客户以及未来可能的雇员等（Baron & Markimn，2000），并为企业获取重要的资源（Aldrich et al.，1987）。Shane 和 Cable（2002）认为企业家良好的社会关系有助于创业融资。Florin et al.（2003）指出，社会资本有助于提升企业的融资能力。高管社会资本是上市公司高管与外界进行交流的活动中，其所能够为企业调动的资源和相关能力的总和。高管社会资本更多体现的是一种能力，而不是寻租的资本（边燕杰，2000）。

此外，通过考察高管社会资本，我们能够推断高管能力。由于高管社会资本水平的不同，他们在执行管理功能时发挥的作用方面存在着差异性。高管所嵌入的社会资本，能够有效帮助自身履行管理和战略参与功能。高管如果没有相关的社会资本，就会缺乏能力去识别合理的行动、无法准确地执行业绩评价和公司财务报告信息制定的过程。有能力的高管有助于提高项目的质量，并且能正确地制定长远战略目标，且能准确识别出项目的利弊，并提出建设性意见。从外部股东的视角来看，通过高管社会资本识别出更有能力的高管，对企业的经营业绩也能更加看好，自己所承担的风险大大降低，这有助于降低权益资本成本。如果高管的社会资本能够提高自身效率，我们预期在高管社会资本与融资成本之间存在着负相关关系。

然而对于社会资本的分类，已有不少学者进行了相关的研究，但都未形成一个统一的衡量模式。社会资本是嵌入在不同的社会结构当中的，本书基于不同社会结构将社会资本分割后，发现不同类型的社会资本在权益融资中起到的作用和效应有所差异。

首先对于横向高管社会资本，主要体现的是社会资本的多样性。在企业需要融资时，高管关系网络的多样性的特性使得企业有更多的融资渠道，也有更多的机会去选择，自然权益融资的成本会更低。

其次是纵向高管社会资本，主要体现的是社会资本的紧密性，即同时担任职务的身份地位，这也是权利的象征。由于各种身份地位的存在，在这个时点上投资者往往很看重现阶段高管的身份地位，一方面，投资者认为拥有较高纵向社会资本水平的高管承担着高风险，犯错误的概率会降低，无论是出于建立此类社会关系还是使得投资更有保障的动机，投资者都会积极选择此类企业进行投资，从而预期纵向高管社会资本会降低企业的权益融资成本。

最后对于网络高管社会资本而言，主要是高管声誉的体现。而现在大多数研究高管声誉集中体现在企业家和审计师两个方面对企业业绩的影响，而对企业融资成本的影响的研究较少。较高的股东声誉体现为专家效应和示范效应，相对于其他股东而言，这部分具有较高知名度的股东其发表的建议更具有可靠性，更容易影响公司的投资决策等。如果公司决策过程中考虑到股东的声誉，公司的行为决策就应该更为谨慎，因为声誉高的股东会担心惩罚机制带来的成本，而做出有利于企业的行为，从而股东的违规行为被监督着（陈红、杨鑫瑶，2014）。相应的高管社会资本带来的声誉，一方面会因为受外界关注的程度高，投资者给予充分的信任，促进了双方的合作，其要求的回报率自然降低，从而使得权益资本成本降低；另一方面，高管社会资本可以帮助股权投资者减少信息不对称，减少外部投资者的信息搜索成本，进而使得权益资本成本降低。由此可见，高管社会资本中的声誉是能够显著降低权益资本成本的。

通过以上分析，故本书提出以下四个假设：

假设 H1-1：在其他条件不变的情况下，公司高管社会资本越高，公司的权益融资成本越低。

假设 H1-2：在其他条件不变的情况下，公司横向高管社会资本越高，公司的权益融资成本越低。

假设 H1-3：在其他条件不变的情况下，公司纵向高管社会资本越高，公司的权益融资成本越低。

假设 H1-4：在其他条件不变的情况下，公司网络高管社会资本越高，公司的权益融资成本越低。

### 6.2.2 高管政治关联、声誉的影响效应

根据上文的分析，将高管社会资本划分为三个不同的维度，它的每个维度能体现社会资本某一方面的特性，比如高管社会资本的横向关系反映的是关系网络的多样性，纵向关系反映关系网络的紧密性，这说明它们之间存在着异质性。其中，横向关系的政治关联和纵向关系的政治身份、经济身份等都是反映高管权力的社会资本。它们具有非市场性，表现为高管能在较差的制度环境下得到部分能为企业提供便利的特殊市场权力。这类社会资本具有较强的目的性，有权力倾向，一般情况下需要付出较大的成本来维持这种关系；而横向高管社会资本中的金融关联、企业关系，纵向高管社会资本中的专业背景以及高管声誉则无论制度环境好坏都是一种重要资源，这类社会资本具有市场性，能体现出公平的市场原则。然而这些不同性质的高管社会资本是如何作用于企业融资成本，相互之间的联系对企业融资的影响又是如何的呢？

#### 6.2.2.1 高管政治关联的影响效应

不少学者研究发现政治关联对企业权益融资有影响。如 Francis et al.（2009）发现中国样本中，政治关联确实能够帮助上市企业以更低的成本发行更高的价格；赵峰（2012）发现民营企业所具备的政治关联能够获取一定的融资便利，投资者会认为此类企业陷入困境的风险较小，并愿意为之支付溢价，从而降低了民营上市公司的股权融资成本。然而高管政治关联要耗费大量

的时间和精力来建立和维护，进而减少了在高管其他能力上的投入，有可能导致成本的耗费大于其所带来的资源效应。如 Choi et al.（1999）发现企业家往往花费过多的成本去“寻租”，建立自身的政治关联，借此获得资源的垄断权或形成一种隐形的契约。肖浩和夏新平（2010）发现整个样本的国有企业中权益融资成本并未受到政治关联的影响，然而无论对于国有企业还是非国有企业而言，政治关联在政府干预强的公司中却都能提高权益融资成本，说明对权益融资成本产生负面影响，并且这种现象在非国有企业中仍然存在。根据以上分析，故本书预期高管政治关联能够影响权益融资成本。

高管政治关联与高管的政治地位之间联系紧密，政治关联是指高管过去是否曾在政府任职，政治身份是现在任职于政府的职务，两者是高管基于不同时间空间与政府建立的关系。现没有文献具体研究两者之间相互关系对权益融资成本的作用。一方面，基于成本收益的考虑，当高管同时拥有这两种社会资本，其前期的维持费用会成为其逆向选择和道德风险的机会成本，代价是无法估计的，高管会谨慎做出融资决策，以降低自己的风险，从而有利于企业融资，达到降低融资成本的效果；另一方面，投资者倾向与此类高管建立联系，以期获得更多资源，从而愿意支付溢价来换取关系的建立与维护。故，本书预期高管的政治关联和政治身份的相互作用会促进企业获得较低成本的权益融资。

与国有企业不同，绝大多数为民营性质的创业板上市公司中，仍有不少企业拥有国有股。从理论上讲，国有股份无法落实到具体的自然人，国有部分的持股主体一般由政府指派。那么，在创业板公司中国有股权与政府的联系显得密不可分，在一定层面上能给公司带来声誉担保。因此，在拥有较多国有股份的创业板上市企业中，对企业权益融资的影响主要体现在两方面：一是国有股权的存在；二是高管通过加强与具有政治身份的代理人的联系，利用便利的资源使得维持关系所付出的成本也会更低。由此可见，在国有股权占比更高的创业板公司中，高管社会资本对公司融资成本的影响将会受到影响。一方面，国有股权的存在使得其享有政府所带来的声誉担保，即说明公司出现融资困难，不用依靠高管政治关联的功效，仅仅因为公司国有股权的背景就能够降低公司的债务融资成本，这说明高管社会资本与国有股权有替代作用。另一方面，政府作为创业公司的投资者，高管若与政府关系密切，很可能充当企业与政府之间的桥梁。创业板公司可以通过国有股东、董事会等渠道，与政府建立关系，构建企业声誉机制，这说明国有股权会加强高管政治关联对公司融资的影响程度。基于此，本书认为在国有股权占比高的创业板公司中，高管受到更多的关注，高管政治关联对公司债务融资的影响会受到约束，从而在其中发挥的作用较小。

根据前文分析，提出以下三个研究假设：

假设 H2-1：在其他条件不变的前提下，高管的政治关联能缓解企业股权融资压力，从而降低股权融资成本。

假设 H2-2：在其他条件不变的前提下，在高管的社会资本中，政治身份与政治关联均能降低股权融资成本，并且相互作用能够促进这种效应。

假设 H2-3：在其他条件不变的前提下，高管的政治关联与国有股权在影响企业股权融资成本方面存在一定的替代关系。

#### 6.2.2.2 高管声誉的影响效应

与成熟资本市场不同的是，创业板成立以来，具有高科技和高成长性的创业板企业频频出现公司高管辞职的现象，高管被动受到媒体的高度关注，而高管声誉是网络高管社会资本在媒体中的体现，高管声誉具有与媒体类似的功效：公司治理和信息传播的双重作用。因此，高管声誉影响权益融资成本主要通过监督和信息传播这两条路径。首先，对于监督作用，李培功和沈艺峰（2010）发现媒体通过引起相关行政机构的介入实现监督作用；媒体关注能够有效降低公司管理层的道德风险（Gillan，2006；Dyck et al.，2008）。其次，高管声誉作为重要的信息传播载体，通过降低企业信息风险来缓解投资者与融资方之间的信息不对称。Dyck 和 Zingales（2002），Miller（2006）均发现投资者做投资选择时会参考媒体报道的内容，查阅媒体的报道能够减少信息的搜寻成本和加工成本。Fang 和 Peress（2009）发现媒体报道较少即信息透明度低的企业，投资者面临更强的信息不对称，从而要求更高的风险溢价作为补偿。综上所述，我们不难发现高管声誉的提高能够降低权益资本成本。

考察高管声誉①的信息传播作用对权益融资的影响时，需要考虑公司自身信息环境影响，若公司已经在资本市场上披露了过多高质量的信息，投资者会偏向选取获得成本更低且更有效的信息，那么此时高管声誉所发挥的信息传递效用会被减弱。高管声誉信息传递时，会因公司处于不同的环境而受到影响。为了进一步分析高管声誉对权益融资成本的作用，需要在不同信息披露水平下对其进行考察。根据分析可知，在信息披露质量高的公司中，投资者对高管声

① 虽然本书没有过多阐释高管声誉和企业声誉的区别，但在处理数据时就已经排除了企业声誉的影响。部分学者常用公司成立年限来作为企业声誉的替代变量，本书模型中也同样加以引入，使得结果更为稳健。

誉的依赖度会减弱，最终高管声誉权益融资成本的影响效应会变弱。

基于这些分析，本书提出假设：

假设 H3-1：在其他条件不变的情况下，高管声誉越高，公司权益融资成本越低。

假设 H3-2：在其他条件不变的情况下，公司信息披露质量越高，高管声誉降低会使公司权益融资成本的效应变得更弱。

6.2.2.3 制度环境的影响效应

创业板公司多处于成长期，需要借助于社会资本融得大量资金。而社会资本与市场制度是相互影响的，在我国处于转轨经济的特殊时期下，制度环境还不完善，作为民营性质的创业板上市企业在资源获取途径上处于劣势地位，因而，创业板公司的高管在利用自身的社会网络关系等为企业融资时，必须要考虑到不同制度环境下利用哪种社会资本是最有效的。已有不少的研究表明，在较差的制度环境下，民营企业对社会资本的依赖程度会增大。具体在不同制度环境因素下，高管社会资本对权益融资成本的效用会有所差异，并且不同类型的高管社会资本受其影响的程度也是有差异的。相对于成熟的资本市场，我国创业板市场建立不久，创业板公司抗风险能力较差，较容易受制度环境因素的影响，再加上目前很难从制度环境的纵向变化中获取创业板公司的长期数据，大多数学者常常用某一地区落后于另一地区的名义时间来衡量经济发展状况的变化。本书采用地区间经济发展状况、市场发达等的横向差异，代替制度环境由差变好的纵向时间历程。

例如在政府干预弱、信贷水平高、法治效率高的地区，创业板公司借助自身高成长性和高创新性的两大特点会较容易融资。主要是在制度背景好的环境中，投资者与企业间的信息较为完全和充分，创业板公司要想发展壮大，只需提高自身核心竞争力，投资者能够根据市场信息识别出优质企业，从而愿意溢价支付。这也说明当制度环境逐渐变好时，高管社会资本对权益融资成本的效应在减弱。

如前文所述，高管声誉和高管政治关联属于不同性质的社会资本，建立动机不一致可能会导致受环境因素的影响而有差异。比如在社会信任度高的地区，高管声誉与地区的社会信任之间可能存在替代关系也可能存在促进关系，一方面是投资者在信任度高的市场上获取的信息可靠度高，不需要借助其他渠道获得融资企业的信息，此时高管声誉发挥的作用微乎其微；另一方面，正是由于环境信任度高的良好氛围，促进了高管声誉的信息传播效应，使得高管声誉对融资成本的作用更大。

对于高管政治关联而言，已有不少学者研究发现，制度不完善条件下非国有企业倾向于与政府建立关系。对这种现象的解释有两种观点：一是非国有企业缺乏产权性质的保护，主要是出于寻租目的（实施对象为掌握资源分配权的政府或政府官员），为了使得企业在制度差的环境下发展壮大，亟须建立与政府的关系来获取更多资源和优惠。而正式制度缺失的地区，企业受约束的压力较小，他们的寻租动机也越强。比如，Faccio（2006）发现一个国家的腐败程度与其政治关联成正相关。二是认为其是对市场、政府和法律等正式制度失效的一种积极反应，体现为非正式的替代性机制，通过建立与政府的关系来克服法律机制、产权保护和金融市场化发展等不完善制度所带来的不便，帮助民营企业克服落后的正式制度对自身发展的阻碍。由此可见，民营企业建立政治联系有助于建立对企业自身发展有利的环境，有利于整个社会稀缺资源的有效配置（Chen et al.，2005；Li et al.，余明桂、潘红波，2008；罗党论、唐清泉，2009）。由此可见，高管政治关联在不同制度背景下，对于企业权益融资究竟是一种积极因素，还是一种消极因素需要进一步检验。综合以上分析，我们提出以下三个假设：

假设 H4-1：在法治效率低、政府干预强、信任度低的地区，高管的社会资本对权益融资成本的效应更强。

假设 H4-2：在法治效率低、政府干预强、信任度低的地区，高管的政治关联对权益融资成本的影响效应更强。

假设 H4-3：在法治效率低、政府干预强、信任度低的地区，高管声誉对企业权益融资成本的影响效应更强。

综合上述分析，高管社会资本对权益融资成本的影响效应如图 6.1 所示。

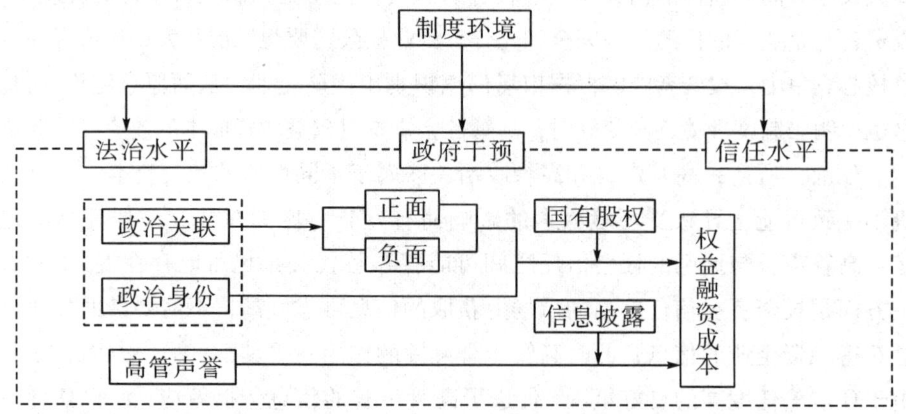


**图 6.1　高管社会资本对权益融资成本的影响效应**

## 6.3 研究设计

### 6.3.1 样本选择与数据来源

本书选择2009—2013年为研究的样本期间，然后执行了如下样本筛选程序：①删除样本期间曾经或者正被ST，*ST，S，S*ST的上市公司；②删除金融类上市公司；③删除关键财务数据或者核心考察变量数据缺失和资产负债率大于1的上市公司。最终得到686个公司的观测值。

采用深圳证券交易所公布的上市公司信息披露的考评结果①作为衡量信披露质量（Information）的代理变量（谭劲松等，2010；伊志宏等，2010；王建琼等，2013）。因此，本书分别对不同的等级进行赋值，优秀赋值为4、良好赋值为3、及格赋值为2、不及格赋值为1。

根据李超（2011）对三种权益资本成本的计量模型比较分析结果，采用最稳健的一种衡量方式，即Eastone模型。具体计算式如下：

$$r_{easton} = r_{easton} = \sqrt{(eps2 - eps1)/P0}$$

式中，$r_{easton}$代表权益资本成本，$eps2$代表第二期的每股收益，$eps1$代表第一期的每股收益，$P0$代表零期的每股股价，其余数据均根据CSMAR数据库、锐思、wind数据库整理所得。

### 6.3.2 模型设定与变量定义

表6.1汇总了本章使用的所有研究变量，其变量名称和定义如表6.1所示。

表6.1 主要变量定义

| 变量类型 | 变量符号 | 变量定义 |
|---|---|---|
| 因变量 | $R_q$ | 权益资本成本：Easton的算法 |

① 深圳证券交易所对上市公司的信息披露质量考评等级分为优秀、良好、合格、不合格四类。

表6.1(续)

| 变量类型 | 变量符号 | 变量定义 |
|---|---|---|
| 考察变量 | *SocialT* | 高管社会资本：三个层面社会资本的综合值 |
| | *Social*1 | 横向社会资本：高管网络关系多样性 |
| | *Social*2 | 纵向社会资本：高管网络关系紧密性 |
| | *Social*3 | 网络社会资本：高管网络关系信任 |
| | *Politics* | 政治关联：是否曾在政府任职 |
| | *PI* | 政治身份：是否是人大代表或政协委员 |
| 控制变量 | *Turnover* | 换手率：公司股票的流动性越高，其预期收益率越低。引入上市公司当年的换手率来作为度量流动性的指标 |
| | *Size* | 总资产：总资产的自然对数 |
| | *Owner* | 所有权：权益/总资产 |
| | *Bpm* | 市账率：公司账面价值与市值的比值 |
| | *Beta* | 风险系数：市场风险（Beta），数据来源于 Wind 系统，采用公司上市首日至各年度最后一个交易日的计算口径得出的值。反映了股票的系统性风险，根据 CAPM 模型预测，其会影响到股东要求的回报率 |
| | *Depar* | 所有权与控制权的分离度 |
| | *Independent* | 独立董事占比：独立董事人数与董事会人数的比值 |
| | *Roa* | 资产收益率：净利润与总资产的比值 |
| | *Cash* | 现金比例：现金与总资产的比值 |
| | *Year* | 年度：虚拟变量 |
| | *Industry* | 行业：虚拟变量 |
| | *Age* | 成立年限：公司成立以来所经历年限加 1 并取自然对数 |
| | *Information* | 信息披露水平：深交所评分 |
| | *Leverage* | 资产负债率：负债/总资产 |
| | *Growth* | 成长性：上一年营业收入的增长率 |
| 制度环境 | *GovernmentD* | 政府干预程度：当企业所在省份该指数低于样本中位数时，取 1，否则取 0 |
| | *LawD* | 法治水平：当企业所在省份该指数低于样本中位数时，将法治水平虚拟变量（*LawD*）定义为 1，否则定义为 0 |
| | *TrustD* | 地区社会信任：当企业所在省份该指数低于样本中位数时为 1，否则定义为 0 |

6.3.2.1 高管社会资本的影响效应

根据上文分析，为了验证假设 H1-1、H1-2、H1-3 和 H1-4 四个研究，设计了回归模型（6-1）：

$$R_{q_{i,t}} = \alpha_{i,t} + \beta_1 SocialI_{i,t-1} + \beta_2 Turnover_{i,t} + \beta_3 Size_{i,t} + \beta_4 Owner_{i,t} + \beta_5 Bpm_{i,t} + \beta_6 Beta_{i,t} + \beta_7 Depar_{i,t} + \beta_8 Independent_{i,t} + \beta_9 Roa_{i,t} + \beta_{10} Age_{i,t} + \beta_{11} Cash_{i,t} + \beta_{12} Leveraget_{i,t} + \beta_{13} Growth_{i,t} + \sum Year + \sum Industry + \varepsilon_{i,t} \quad (6-1)$$

式中，$SocialI$ 取 $SocialT$，$Social1$，$Social2$，$Social3$。

模型（6-1）是权益融资成本与高管社会资本的关系模型，被解释变量是权益融资成本（Rq），该数据由上文所述的方法计算所得，该数值越大表明企业权益融资成本越高；考察关键变量是高管社会资本（SocialT），主要由三个层面的社会资本组成：横向高管社会资本（Social1）、纵向高管社会资本（Social 2）、网络高管社会资本（Social 3）；同时两权分离度、所有权、独立董事比例、账面市值比、换手率等公司治理特征和外部市场环境也是影响内部控制质量的重要因素（Ashbaugh-Skaife et al.，2008；刘启亮等，2012）；另外公司规模、资产收益率、现金比例、公司年限等财务特征也会影响内部控制质量（Doyle et al.，2007；刘启亮等，2012）；所以我们选择的控制变量分别为：换手率（Turnover）、账面市值比（Bpm）、独立董事比例（Independent）、风险系数（Beta）公司规模（Size）、资产收益率（Roa）、资产负债率（Leverage）、现金比例（Inventory）、所有权（Depar），最后我们还控制了行业（Industry）和年度（Year）因素。

6.3.2.2 高管政治关联的影响效应

根据上文分析，为了验证假设 H2-1、H2-2、H2-3 三个研究，设计了回归模型（6-2）：

$$R_{q_{i,t}} = \alpha_{i,t} + \beta_1 PI_{i,t-1} + \beta_2 Politics_{i,t-1} + \beta_3 P1 * P2_{i,t-1} + \beta_4 Turnover_{i,t} + \beta_5 Size_{i,t} + \beta_6 Owner_{i,t} + \beta_7 Bpm_{i,t} + \beta_8 Beta_{i,t} + \beta_9 Depar_{i,t} + \beta_{10} Independent_{i,t} + \beta_{11} Roa_{i,t} + \beta_{12} Age_{i,t} + \beta_{13} Cash_{i,t} + \beta_{13} Leverage_{i,t} + \beta_{13} Growth_{i,t} + \beta_{13} C2_{i,t} + \sum Year + \sum Industry + \varepsilon_{i,t} \quad (6-2)$$

6.3.2.3 高管声誉的影响效应

根据上文分析，为了验证假设 H3-1 和 H3-2 两个研究，设计了回归模型（6-3）：

$$R_{q_{i,t}} = \alpha_{i,t} + \beta_1 Social3_{i,t-1} + \beta_2 Turnover_{i,t} + \beta_3 Size_{i,t} + \beta_4 Owner_{i,t} + \beta_5 Bpm_{i,t} + \beta_6 Beta_{i,t} + \beta_7 Depar_{i,t} + \beta_8 Independent_{i,t} + \beta_9 Roa_{i,t} + \beta_{10} Age_{i,t} + \beta_{11} Cash_{i,t} + \beta_{12} Leveraget_{i,t} + \beta_{13} Information_{i,t-1} + \beta_{13} Growth_{i,t} + \sum Year + \sum Industry + \varepsilon_{i,t} \quad (6-3)$$

6.3.2.4　制度环境

根据上文分析，为了验证假设 H4-1、H4-2、H4-3 三个研究，设计了以下三个回归模型：

$$R_{q_{i,t}} = \alpha_{i,t} + \beta_1 SocialT_{i,t-1} + \beta_2 Turnover_{i,t} + \beta_3 Size_{i,t} + \beta_4 Owner_{i,t} + \beta_5 Bpm_{i,t} + \beta_6 Beta_{i,t} + \beta_7 Depar_{i,t} + \beta_8 Independent_{i,t} + \beta_9 Roa_{i,t} + \beta_{10} Age_{i,t} + \beta_{11} Cash_{i,t} + \beta_{12} Leveraget_{i,t} + \beta_{13} Information_{i,t-1} + \beta_{14} Growth_{i,t} + \beta_{15} EnvironmentD_{i,t} + \sum Year + \sum Industry + \varepsilon_{i,t} \quad (6-4)$$

$$R_{q_{i,t}} = \alpha_{i,t} + \beta_1 PI_{i,t-1} + \beta_2 Politics_{i,t-1} + \beta_3 P1 * P2_{i,t-1} + \beta_4 Turnover_{i,t} + \beta_5 Size_{i,t} + \beta_6 Owner_{i,t} + \beta_7 Bpm_{i,t} + \beta_8 Beta_{i,t} + \beta_9 Depar_{i,t} + \beta_{10} Independent_{i,t} + \beta_{11} Roa_{i,t} + \beta_{12} Age_{i,t} + \beta_{13} Cash_{i,t} + \beta_{14} Leverage_{i,t} + \beta_{15} Growth_{i,t} + \beta_{16} EnvironmentD_{i,t} + \sum Year + \sum Industry + \varepsilon_{i,t} \quad (6-5)$$

$$R_{q_{i,t}} = \alpha_{i,t} + \beta_1 Social3_{i,t-1} + \beta_2 Turnover_{i,t} + \beta_3 Size_{i,t} + \beta_4 Owner_{i,t} + \beta_5 Bpm_{i,t} + \beta_6 Beta_{i,t} + \beta_7 Depar_{i,t} + \beta_8 Independent_{i,t} + \beta_9 Roa_{i,t} + \beta_{10} Age_{i,t} + \beta_{11} Cash_{i,t} + \beta_{12} Leveraget_{i,t} + \beta_{13} Information_{i,t-1} + \beta_{14} Growth_{i,t} + \beta_{15} EnvironmentD_{i,t} + \sum Year + \sum Industry + \varepsilon_{i,t} \quad (6-6)$$

## 6.4　实证分析

### 6.4.1　描述性统计

表 6.2 提供了各主要变量的描述性统计，为消除极端值的影响，本书已对所有连续变量均进行上下 1% 的 Winsorize 处理。此外，相关系数如表 6.3 所示，我们计算了各主要变量的方差膨胀因子 VIF 值，绝大部分在 1.5 以内，均远远小于 10，表明模型不存在严重的多重共线性。从表 6.2 可以看到，①*Rq* 的最小值为 0.007，最大值为 0.131，说明创业板上市公司之间权益资本成本差距较大。②*SocialT* 的均值为 0.016，*Social*1 的均值为 0.002，*Social*2 的均值

表 6.2　主要变量的描述性统计

| Variable | N | mean | sd | min | p50 | max |
|---|---|---|---|---|---|---|
| *Rq* | 686 | 0. 047 | 0. 013 | 0. 007 | 0. 048 | 0. 131 |
| *SocialT* | 686 | 0. 016 | 0. 055 | 0. 001 | 0. 005 | 1. 070 |
| *Social*1 | 686 | 0. 002 | 0. 001 | 0 | 0. 002 | 0. 007 |
| *Social*2 | 686 | 0. 004 | 0. 001 | 0 | 0. 004 | 0. 012 0 |
| *Social*3 | 686 | 0. 004 | 0. 021 | 0 | 0 | 0. 407 |
| *Politics* | 686 | 0. 047 | 0. 117 | 0 | 0 | 0. 667 |
| *PI* | 686 | 0. 258 | 0. 513 | 0 | 0 | 2. 500 |
| *Information* | 686 | 3. 141 | 0. 497 | 1 | 3 | 4 |
| *Turnover* | 686 | 33. 72 | 19. 45 | 5. 874 | 30. 11 | 102. 6 |
| *Owner* | 686 | 20. 72 | 0. 608 | 19. 12 | 20. 68 | 22. 22 |
| *syq* | 686 | 0. 400 | 0. 144 | 0. 088 0 | 0. 392 | 0. 974 |
| *Bpm* | 686 | 0. 801 | 0. 819 | 0. 213 | 0. 668 | 6. 591 |
| *Beta* | 686 | 0. 833 | 0. 306 | −0. 029 0 | 0. 854 | 1. 567 |
| *Depar* | 686 | 0. 400 | 0. 129 | 0. 161 | 0. 387 | 0. 720 |
| *Independent* | 686 | 0. 374 | 0. 052 | 0. 333 | 0. 333 | 0. 571 |
| *Roa* | 686 | 0. 065 | 0. 044 | −0. 063 | 0. 060 0 | 0. 220 |
| *Age* | 686 | 2. 588 | 0. 323 | 1. 609 | 2. 639 | 3. 367 |
| *Cash* | 686 | 4. 825 | 6. 476 | 0. 113 | 2. 393 | 38. 54 |
| *Leverage* | 686 | 0. 207 | 0. 142 | 0. 021 0 | 0. 169 | 0. 629 |
| *Growth* | 686 | 0. 351 | 0. 625 | −0. 607 | 0. 180 | 3. 290 |
| *GovernmentD* | 31 | 9. 012 | 1. 056 | −10. 38 | 9. 139 | 10. 43 |
| *MarketizationD* | 31 | 12. 92 | 1. 395 | 5. 340 | 12. 92 | 16. 43 |
| *LawD* | 31 | 7. 377 | 1. 687 | −30. 35 | 7. 130 | 11. 93 |
| *TrustD* | 31 | 13 000 | 7 263 | 364. 5 | 11 000 | 28 000 |

为 0. 004，*Social*3 的均值为 0. 004，说明创业板上市公司高管社会资本整体偏低，尤其是横向社会资本水平偏低，这可能主要是受创业板上市公司的性质的影响所致，因为基本上创业板上市公司都为民营企业。纵向社会资本和网络社会资本水平差不多，而总的高管社会资本的标准差为 0. 055，说明不同企业间与政府的关系差异较大。③资产周转率（*Turnover*）的均值为 33. 72，且标准差为 19. 45，说明企业间换手率的差异大，而且相对较高，有可能中国市场长期不发放股利，导致只能依靠赚取差价获得利润。④独立董事比例（*Independent*）

的均值为0.374，反映了证监会对上市公司独立董事比例的制度要求。⑤风险系数（*Beta*）的均值为0.833，说明样本中创业板公司面临的风险较大。⑥所有权（*Owner*）的均值为0.833，说明样本中企业的融资结构和所有者对企业的控制越稳固，但导致企业融资成本较高。⑦账面市值比（*Bpm*）的均值为0.801小于1，说明在创业板上市公司中市值与账面价值基本持平，但最大值却高达6.591，这不得不引起我们注意到创业板上有些优质企业被低估，投资者未能完全有效评估企业本身的价值。⑧控制权和所有权的分离度（*Depar*）的均值为0.400，说明创业板公司所有权和控制权分离度偏低，终极控制股东与外部投资者之间的代理冲突不严重，掠夺外部投资者的可能性较小。⑨成长能力（*Growth*）的平均值为35.1，其最大值为3.290，可以看出创业板公司具有高成长性。⑩创业板公司的平均资产收益率（*Roa*）为0.065，最大值与最小值之间相差0.283，说明创业板上市公司间盈利能力差距不大。

### 6.4.2 回归分析

#### 6.4.2.1 高管社会资本与权益资本成本

首先我们来讨论权益融资成本数据的回归结果。表6.3报告了假设H1-1、H1-2、H1-3、H1-4的回归结果，即反映总的高管社会资本以及不同层面的高管社会资本与权益融资成本间相互关系的回归模型的实证结果。其中，第1列模型反映的是综合的高管社会资本对权益融资成本的OLS回归结果，其解释变量综合高管社会资本（SocialT）的系数为-0.046，且在1%的水平下显著，这一结果与预期一样，验证了假设H1-1，说明高管社会资本水平越高，企业的权益融资成本越低；为了进一步分析不同高管社会资本在权益融资中的作用是否存在差异，第2、第3和第4列分别反映的是横向、纵向和网络层面高管社会资本与权益资本成本之间关系的OLS回归结果。从回归结果可以看出，横向高管社会资本（Social1）、纵向高管社会资本（Social2）和网络高管社会资本（Social3）三个解释变量的系数均为负，除了纵向高管社会资本的系数不显著外，横向高管社会资本的系数为-0.103（在1%的水平下显著），网络高管社会资本的回归系数为-0.054（在1%的水平下显著）。由此可以看出高管社会资本的多样性能够有利于企业的权益融资，同时高管声誉的确能够有助于降低企业权益融资成本。而纵向高管社会资本不显著的原因可能是在资产市场上，投资者与企业建立的关系更多地体现在多样性方面，强调的是信息传递的重要性，当高管关系范围更广时，拥有的机会和选择的余地更多，自然可

表 6.3 高管社会资本对权益融资成本的影响回归结果

| Variable | $R_q$ | | | |
|---|---|---|---|---|
| | (1) | (2) | (3) | (4) |
| SocialT | −0.046***<br>(−3.07) | — | — | — |
| Social1 | — | −0.103***<br>(−2.42) | — | — |
| Social2 | — | — | −0.121<br>(−1.15) | — |
| Social3 | — | — | — | −0.054***<br>(−2.77) |
| Turnover | 0.000<br>(0.81) | 0.000<br>(0.37) | 0.000<br>(0.45) | 0.000<br>(0.31) |
| Size | 0.001*<br>(1.68) | 0.001<br>(1.05) | 0.001<br>(1.08) | 0.001<br>(1.53) |
| Owner | −0.012***<br>(−3.19) | −0.012***<br>(−3.40) | −0.012***<br>(−3.33) | −0.012***<br>(−3.26) |
| Bpm | 0.041***<br>(15.32) | 0.042***<br>(15.81) | 0.042***<br>(15.87) | 0.041***<br>(15.75) |
| Beta | 0.003**<br>(2.47) | 0.003**<br>(2.58) | 0.003***<br>(2.59) | 0.003***<br>(2.59) |
| Depar | −0.000<br>(−0.09) | 0.001<br>(0.15) | 0.000<br>(0.11) | −0.000<br>(−0.04) |
| Independent | −0.004<br>(−0.72) | −0.005<br>(−0.93) | −0.005<br>(−0.86) | −0.004<br>(−0.75) |
| Roa | −0.337***<br>(27.96) | −0.336***<br>(27.62) | −0.337***<br>(27.75) | −0.340***<br>(28.05) |
| Age | 0.001<br>(0.98) | 0.001<br>(0.81) | 0.001<br>(0.88) | 0.001<br>(0.83) |
| Cash | −0.000<br>(−0.65) | −0.000<br>(−0.66) | −0.000<br>(−0.63) | −0.000<br>(−0.71) |
| Leverage | 0.008***<br>(2.77) | 0.009***<br>(2.91) | 0.009***<br>(2.89) | 0.008***<br>(2.79) |
| Growth | −0.002***<br>(−2.81) | −0.002***<br>(−2.72) | −0.001***<br>(−2.64) | −0.002***<br>(−2.91) |
| Year | 控制 | 控制 | 控制 | 控制 |
| Industry | 控制 | 控制 | 控制 | 控制 |

表6.3(续)

| Variable | $R_q$ | | | |
|---|---|---|---|---|
| | (1) | (2) | (3) | (4) |
| _cons | -0.026* (-1.67) | -0.017 (-1.09) | -0.018 (-1.14) | -0.024 (-1.53) |
| *N* | 686 | 686 | 686 | 686 |
| r2_a | 0.630 | 0.623 | 0.625 | 0.628 |
| F | 49.578 | 48.392 | 48.520 | 49.250 |

注：①表格内的数字上面表示估计系数，下面括号内的数字表示t统计量；②***、**、*分别表示1%，5%，10%的显著性水平。

以获得较低的权益融资成本。资本市场上的信息对投资者的决策来说很重要，这说明高管的声誉能在市场上向投资者传递利好的信号，降低投资者的信息不对称问题，从而降低风险来帮助企业融资。但根据上文对声誉机制分析发现更多的功效体现在资本市场，这也证明了高管社会资本作用于权益融资和权益融资的影响机制是有差异性的。

综上所述，由基本模型（6-1）的回归结果可以看出高管社会资本是能够降低公司权益融资成本的，并且该作用主要来自横向高管社会资本和网络高管社会资本的影响效用。

因此，以上回归结果表明，针对创业板上市公司的高管社会资本对权益融资成本的影响，横向高管社会资本与纵向高管社会资本未能缓解上市公司权益融资成本，但系数均为负，也说明社会资本与权益资本成本的负向关系，但二者的系数均不显著，原因很可能在于我国市场机制的不成熟，信息大数据时代的到来，股权投资者并不关注高管在某一组织中任职的地位，而是被媒体所吸引，关注其高管在社会网络上的地位（李培功等，2010），单纯依靠与政府的关系缓解权益融资机制失效。该结论也支持了研究假设H1-4。

#### 6.4.2.2 高管政治关联的影响研究

表6.4报告了作为高管政治关联与权益融资成本间相互关系的回归模型的实证结果。其中，第1列反映的是高管政治关联与政治身份以及交互作用在权益融资中起到的作用，结果显示，高管政治关联的回归系数为0.008（在5%的水平下显著），说明政治关联的存在，使得企业权益融资成本更高，但政治关联和政治身份交互项的系数却为-0.003（在5%的水平下显著），两个变量的符号不一致，说明政治关联和政治身份的交互作用能够抑制政治关联在权益融资成本中的影响作用，更好地缓解创业板上市公司的权益融资压力，也为高管

表 6.4　高管政治关联的影响效应回归

| Variable | $R_q$ | | |
|---|---|---|---|
| | (1)<br>全样本 | (2)<br>高 | (3)<br>低 |
| PI | -0.001<br>(-0.95) | 0.008<br>(0.94) | -0.001<br>(-0.81) |
| Politics | 0.008**<br>(2.19) | 0.059***<br>(3.60) | 0.006*<br>(1.82) |
| P1 * P2 | -0.003**<br>(-2.39) | -0.035***<br>(-2.69) | -0.002<br>(-1.06) |
| Turnover | 0.000<br>(0.29) | -0.000<br>(-1.51) | 0.000<br>(0.49) |
| Size | 0.001<br>(1.09) | -0.008**<br>(-2.97) | 0.001<br>(1.40) |
| Owner | -0.013***<br>(-3.57) | -0.050<br>(-1.45) | -0.012***<br>(-3.28) |
| Bpm | 0.042***<br>(15.91) | -0.028*<br>(-1.85) | 0.043***<br>(15.77) |
| Beta | 0.003**<br>(2.51) | 0.021**<br>(2.43) | 0.003**<br>(2.25) |
| Depar | 0.000<br>(0.10) | -0.041<br>(-1.66) | -0.001<br>(-0.18) |
| Independent | -0.006<br>(-1.01) | -0.099<br>(-1.68) | -0.005<br>(-0.87) |
| Roa | -0.336***<br>(27.70) | -0.288***<br>(4.18) | -0.343***<br>(27.48) |
| Age | 0.001<br>(1.07) | -0.046***<br>(-3.21) | 0.001<br>(1.15) |
| Cash | -0.000<br>(-0.50) | 0.000<br>(0.11) | -0.000<br>(-0.43) |
| Leverage | 0.009***<br>(2.90) | 0.045**<br>(2.23) | 0.008***<br>(2.69) |
| Growth | -0.001**<br>(-2.52) | -0.000<br>(-0.19) | -0.001**<br>(-2.43) |
| C2 | -0.003**<br>(-1.97) | 0.000<br>(.) | 0.000<br>(.) |
| Year | 控制 | 控制 | 控制 |
| Industry | 控制 | 控制 | 控制 |

表6.4(续)

| Variable | $R_q$ | | |
| --- | --- | --- | --- |
| | (1)<br>全样本 | (2)<br>高 | (3)<br>低 |
| _cons | -0.017<br>(-1.11) | 0.366***<br>(3.80) | -0.025<br>(-1.51) |
| *N* | 686 | 343 | 343 |
| r2_a | 0.626 | 0.722 | 0.633 |
| F | 43.642 | 5.157 | 44.373 |

注：①表格内的数字上面表示估计系数，下面括号内的数字表示 t 统计量；②***、**、* 分别表示 1%，5%，10%的显著性水平。

如何结合目标积累所需的社会资本提供了思路，验证了假设 H2-1。第 2 列和第 3 列分别反映的国有股权比例较高和国有股权较低的企业中，高管政治关联与权益融资成本之间关系的 OLS 回归结果。回归结果显示，第 2 列的高管政治关联（Politics）的系数为 0.059，高于第 3 列的高管政治关联（Politics）的系数（0.006）。这说明国有股权会加强政治关联对权益融资成本的影响程度，国有股权的性质使得高管具有更多的权利，也说明在资本市场上，高管政治关联更多地表现为寻租的目的，给权益融资带来了负面影响。需要注意的是，政治关联和政治身份的交互项在第 2 列的系数为-0.035（在 1%的水平下显著为负），说明只有在国有股权比例高的创业板公司中，政治关联和政治身份的相互关系对权益融资成本发生影响，并且能降低企业的融资成本，反映了创业板公司将国有股份的引入与保留会使得交互项产生积极的作用，国有股权比例越高并不会一味带来负面的影响，也会因为考虑高管地位的时候起到积极作用。这说明国有股权在一定程度上能够发挥降低权益融资成本的作用，给该政治关系的维护提供了一个好的环境，促进了高管政治关联对权益融资的影响效果。除了国有股份与政治关联的关系不是预期中的替代作用之外，以上分析大部分支持了假设 H2，与预期判断基本保持一致。

6.4.2.3　高管声誉的影响研究

表 6.5 报告了作为高管声誉与权益融资成本间相互关系的回归模型的实证结果。为了进一步考察高管声誉在不同信息披露质量水平下对权益融资成本作用效应是否存在差异性，根据信息披露质量水平（Information）的中位数，将样本分为两组来回归，第 1 列反映的是加入了信息披露质量水平（Information）的高管声誉对权益融资成本的全样本的回归结果。回归结果显示，全样本的高

表 6.5 高管声誉与信息披露质量的影响效应回归

| Variable | $R_q$ | | | |
|---|---|---|---|---|
| | (1)<br>全样本 | (2)<br>Information=4 | (3)<br>Information=3 | (4)<br>Information=2 |
| Social3 | -0.045**<br>(-2.19) | -0.099**<br>(-2.30) | -0.036<br>(-1.52) | -0.219<br>(-0.06) |
| Turnover | 0.000<br>(0.73) | -0.000<br>(-0.39) | 0.000<br>(0.80) | 0.000<br>(0.08) |
| Size | 0.001*<br>(1.81) | -0.001<br>(-0.82) | 0.002***<br>(2.63) | 0.001<br>(0.29) |
| Owner | -0.011***<br>(-2.87) | -0.016**<br>(-2.14) | -0.011**<br>(-2.51) | 0.012<br>(0.47) |
| Bpm | 0.042***<br>(15.79) | 0.035***<br>(6.01) | 0.044***<br>(14.15) | 0.023<br>(1.70) |
| Beta | 0.003**<br>(2.32) | 0.002<br>(0.70) | 0.004**<br>(2.45) | -0.002<br>(-0.24) |
| Depar | -0.001<br>(-0.27) | 0.015*<br>(1.82) | -0.004<br>(-0.90) | -0.020<br>(-0.82) |
| Independent | -0.003<br>(-0.42) | 0.015<br>(0.81) | -0.002<br>(-0.34) | -0.037*<br>(-1.96) |
| Roa | -0.342***<br>(27.74) | -0.311***<br>(11.02) | -0.347***<br>(24.32) | -0.444***<br>(6.64) |
| Age | 0.001<br>(0.82) | 0.004*<br>(1.78) | -0.000<br>(-0.35) | 0.008<br>(1.52) |
| Cash | -0.000<br>(-0.90) | 0.000<br>(0.55) | -0.000*<br>(-1.79) | -0.001<br>(-1.04) |
| Leverage | 0.008**<br>(2.49) | 0.019***<br>(2.73) | 0.002<br>(0.52) | 0.000<br>(0.01) |
| Information | 0.002**<br>(2.47) | 0.003**<br>(2.04) | 0.001<br>(1.07) | -0.000<br>(-0.19) |
| Growth | -0.002***<br>(-2.93) | -0.001<br>(-0.84) | -0.002***<br>(-2.88) | 0.000<br>(0.10) |
| Year | 控制 | 控制 | 控制 | 控制 |
| Industry | 控制 | 控制 | 控制 | 控制 |

表6.5(续)

| Variable | $R_q$ | | | |
|---|---|---|---|---|
| | (1)<br>全样本 | (2)<br>Information = 4 | (3)<br>Information = 3 | (4)<br>Information = 2 |
| _cons | -0.034**<br>(-2.10) | 0.005<br>(0.12) | -0.046**<br>(-2.45) | -0.013<br>(-0.16) |
| *N* | 686 | 130 | 514 | 42 |
| r2_a | 0.639 | 0.557 | 0.663 | 0.769 |
| F | 48.941 | 10.581 | 39.920 | 6.085 |

注：①表格内的数字上面表示估计系数，下面括号内的数字表示 t 值；②***、**、*分别表示1%，5%，10%的显著性水平。

管声誉（Social3）的回归系数为-0.045（在5%的水平下显著），说明高管的声誉传递了利好信号，的确能够降低权益融资成本，从而帮助企业实现价值最大化，再次证明了假设 H1-4。第 2 列、第 3 列和第 4 列分别表示在信息披露水平（Information）= 4，3，2 时的回归结果。虽然在第 3 列中信息披露水平（Information）的系数均为负数，但是只有第 2 列中的系数显著为-0.099 且绝对值为全样本的系数绝对值的两倍，说明信息披露质量与高管声誉对权益融资的影响并不是替代关系，而是加倍促进这种积极的影响。这表明信息披露对高管声誉在权益融资中的作用有促进作用，一方面是信息披露质量是根据权威机构评价而成，具有较高的信任度。一般而言，信息披露质量高的企业多为优质企业，敢于将利好信息通过第三方传递给投资者，这类企业较容易找到投资者，不存在融资困境。那么高管声誉在信息披露质量高的企业中，在一定程度上能够加强其对权益融资的影响程度。另一方面是当企业处于更低水平的信息披露质量时，虽然高管更积极地通过声誉传递给投资者，但投资者却无法冒险投资，忽略了对信息披露质量的评价，这时高管声誉缺乏一个好的环境，投资者无法仅凭高管声誉就给予足够的信任度。由此可见，高管在积累自身声誉时，不能忽略企业自身的建设，只有企业声誉或信息质量足够好时，高管声誉也能起到对权益融资成本的积极作用。

由模型（6-4）、模型（6-5）的回归结果可知，除了假设 H3-3 未得到证实外，其余假设均被逐一证实。这表明高管的声誉要想降低权益融资方面，不能忽略信息披露质量的作用。

#### 6.4.2.4 政府干预与高管社会资本对权益融资成本的影响回归结果

表6.6报告了研究假设H4的回归结果。表中第1列和第2列分别报告了

**表6.6 政府干预与高管社会资本对权益融资成本的影响效应回归**

| Variable | $R_q$ | | | | | |
|---|---|---|---|---|---|---|
| | (1)<br>弱 | (2)<br>强 | (3)<br>弱 | (4)<br>强 | (5)<br>弱 | (6)<br>强 |
| SocialT | -0.092**<br>(-2.00) | -0.033**<br>(-2.01) | — | — | — | — |
| PI | — | — | -0.001<br>(-0.95) | -0.000<br>(-0.07) | — | — |
| Politics | — | — | 0.002<br>(0.24) | 0.007**<br>(2.09) | — | — |
| P1 * P2 | — | — | -0.001<br>(-0.42) | -0.001*<br>(-1.86) | — | — |
| Social3 | — | — | — | — | 0.090<br>(1.22) | -0.049**<br>(-2.18) |
| Turnover | 0.000<br>(0.38) | 0.000<br>(0.99) | 0.000<br>(0.35) | 0.000<br>(0.51) | 0.000<br>(0.67) | 0.000<br>(0.57) |
| Size | 0.002<br>(1.65) | 0.001<br>(1.23) | 0.001<br>(1.33) | 0.000<br>(0.38) | 0.001<br>(1.23) | 0.001<br>(1.19) |
| Owner | -0.002<br>(-0.47) | -0.020***<br>(-3.58) | -0.002<br>(-0.40) | -0.021***<br>(-3.78) | -0.001<br>(-0.16) | -0.020***<br>(-3.51) |
| Bpm | 0.044***<br>(9.28) | 0.041***<br>(11.98) | 0.046***<br>(9.74) | 0.042***<br>(12.18) | 0.046***<br>(9.98) | 0.041***<br>(12.19) |
| Beta | 0.003<br>(1.57) | 0.003*<br>(1.66) | 0.004*<br>(1.73) | 0.003*<br>(1.84) | 0.003<br>(1.43) | 0.003*<br>(1.68) |
| Depar | -0.004<br>(-0.66) | 0.004<br>(0.61) | -0.004<br>(-0.72) | 0.004<br>(0.73) | -0.005<br>(-0.88) | 0.003<br>(0.54) |
| Independent | -0.000<br>(-0.02) | -0.006<br>(-0.67) | 0.003<br>(0.38) | -0.008<br>(-0.91) | 0.003<br>(0.33) | -0.007<br>(-0.84) |
| Roa | -0.357***<br>(17.17) | -0.341***<br>(21.47) | -0.362***<br>(17.33) | -0.340***<br>(21.31) | -0.365***<br>(17.62) | -0.344***<br>(21.57) |
| Age | 0.002<br>(1.40) | -0.001<br>(-0.44) | 0.002<br>(0.90) | -0.001<br>(-0.57) | 0.002<br>(1.15) | -0.001<br>(-0.48) |
| Cash | -0.000<br>(-0.27) | -0.000<br>(-0.71) | -0.000<br>(-0.28) | -0.000<br>(-0.60) | -0.000<br>(-0.40) | -0.000<br>(-0.74) |
| Leverage | 0.010*<br>(1.96) | 0.005<br>(1.22) | (2.30)<br>0.001 | (1.36)<br>0.002 * | 0.012**<br>(2.19) | 0.005<br>(1.22) |

表6.6(续)

| Variable | $R_q$ | | | | | |
|---|---|---|---|---|---|---|
| | (1)<br>弱 | (2)<br>强 | (3)<br>弱 | (4)<br>强 | (5)<br>弱 | (6)<br>强 |
| Information | 0.001<br>(0.82) | 0.002*<br>(1.92) | 0.001<br>(0.74) | 0.002*<br>(1.91) | 0.001<br>(0.87) | 0.002**<br>(2.04) |
| Growth | 0.000<br>(0.30) | -0.002***<br>(-3.22) | 0.000<br>(0.42) | -0.002***<br>(-2.98) | 0.001<br>(0.55) | -0.002***<br>(-3.50) |
| GovernmentD | 0.002<br>(1.02) | -0.000<br>(-0.11) | 0.002<br>(1.02) | 0.000<br>(0.01) | 0.002<br>(1.17) | -0.000<br>(-0.19) |
| Year | 控制 | 控制 | 控制 | 控制 | 控制 | 控制 |
| Industry | 控制 | 控制 | 控制 | 控制 | 控制 | 控制 |
| _cons | -0.075**<br>(-2.47) | -0.022<br>(-0.98) | -0.070**<br>(-2.27) | -0.006<br>(-0.25) | -0.073**<br>(-2.39) | -0.021<br>(-0.91) |
| *N* | 343 | 343 | 343 | 343 | 343 | 343 |
| r2_a | 0.626 | 0.656 | 0.620 | 0.650 | 0.622 | 0.655 |
| F | 23.624 | 28.420 | 21.174 | 25.829 | 23.283 | 28.446 |

注：①表格内的数字上面表示估计系数，下面括号内的数字表示t统计量；②***、**、*分别表示1%，5%，10%的显著性水平。

在政府干预弱和政府干预强的地区，高管社会资本对权益融资成本的影响效应。虽然两组回归模型中，高管社会资本的回归系数均为负数且均显著，但第1列的高管社会资本系数（SocialT）为-0.092远小于第2列的高管社会资本系数（-0.033），这说明相对于政府干预较强的地区，在政府干预较弱的水平下高管社会资本对权益融资成本的影响作用更大，也证明了在缺乏正式制度的环境下，对权益融资方面正式制度与非正式制度（高管社会资本）间的确起着促进作用，说明高管社会资本体现为市场性质。第3列和第4列的回归结果显示，高管政治关联的系数只有在第4列中在5%的水平下显著为正，再次证明了假设H2-1，也进一步说明在政府干预强的地区，高管政治关联基于寻租理论都会增加企业的权益融资成本，但当同时考虑政治关联和政治身份时，两者的共同作用会降低企业权益融资成本。第5列和第6列分别列示了在政府干预弱和政府干预强的地区，高管声誉与权益融资成本的作用。只有在政府干预强的地区，高管声誉（Social3）的回归系数为-0.049（在5%的水平下显著），这说明高管声誉与政府干预作用于权益融资时具有替代效应，在政府干预强的环境下，高管偏向于同时利用自身的政治关联和政治身份背景来获得更多的利好信息，从而做出正确决策，选择权益成本最低的贷款，同时高管若选择声誉来影响投资者的决策，在政府干预强的环境下同样有效。

6.4.2.5 法治水平与高管社会资本对权益融资成本的影响回归结果

表6.7分别给出了在不同法治水平下，模型（6-1）、模型（6-2）和模型（6-3）的回归结果，由前两列的结果可以看出，高管社会资本的系数均显著

表6.7 法治水平与高管社会资本对权益融资成本的影响

| Variable | $R_q$ | | | | | |
|---|---|---|---|---|---|---|
| | (1)<br>高 | (2)<br>低 | (3)<br>高 | (4)<br>低 | (5)<br>高 | (6)<br>低 |
| SocialT | -0.059**<br>(-2.34) | -0.035*<br>(-1.73) | — | — | — | — |
| PI | — | — | 0.001<br>(0.75) | -0.001<br>(-1.40) | — | — |
| Politics | — | — | 0.007<br>(0.71) | 0.005*<br>(1.85) | — | — |
| P1 * P2 | — | — | -0.004<br>(-1.27) | -0.003**<br>(2.12) | — | — |
| Social3 | — | — | — | — | -0.024<br>(-0.83) | -0.055*<br>(-1.68) |
| Turnover | -0.000<br>(-0.35) | 0.000<br>(1.48) | -0.000<br>(-0.40) | 0.000<br>(1.11) | -0.000<br>(-0.32) | 0.000<br>(0.94) |
| Size | 0.001<br>(0.71) | 0.002**<br>(2.21) | 0.000<br>(0.42) | 0.002<br>(1.64) | 0.001<br>(0.62) | 0.002**<br>(1.99) |
| Owner | -0.003<br>(-0.59) | -0.017***<br>(-3.23) | -0.004<br>(-0.64) | -0.017***<br>(-3.23) | -0.004<br>(-0.65) | -0.017***<br>(-3.28) |
| Bpm | 0.045***<br>(10.92) | 0.037***<br>(9.69) | 0.046***<br>(11.02) | 0.038***<br>(10.07) | 0.047***<br>(11.42) | 0.036***<br>(9.61) |
| Beta | 0.001<br>(0.52) | 0.005**<br>(2.55) | 0.001<br>(0.64) | 0.005***<br>(2.65) | 0.001<br>(0.56) | 0.005***<br>(2.65) |
| Depar | -0.007<br>(-1.22) | 0.003<br>(0.49) | -0.007<br>(-1.09) | 0.004<br>(0.65) | -0.007<br>(-1.18) | 0.003<br>(0.60) |
| Independent | -0.002<br>(-0.27) | -0.002<br>(-0.23) | -0.002<br>(-0.23) | -0.005<br>(-0.58) | -0.001<br>(-0.13) | -0.004<br>(-0.43) |
| Roa | -0.339***<br>(18.41) | -0.350***<br>(19.99) | -0.333***<br>(18.13) | -0.349***<br>(20.24) | -0.336***<br>(18.05) | -0.350***<br>(20.53) |

表6.7(续)

| Variable | $R_q$ | | | | | |
|---|---|---|---|---|---|---|
| | (1)<br>高 | (2)<br>低 | (3)<br>高 | (4)<br>低 | (5)<br>高 | (6)<br>低 |
| Age | 0.002<br>(1.35) | -0.000<br>(-0.02) | 0.002<br>(1.21) | -0.000<br>(-0.13) | 0.002<br>(1.24) | -0.000<br>(-0.15) |
| Cash | 0.000<br>(0.13) | -0.000*<br>(-1.87) | 0.000<br>(0.23) | -0.000**<br>(-2.00) | 0.000<br>(0.15) | -0.000**<br>(-2.08) |
| Leverage | 0.009**<br>(2.16) | 0.004<br>(0.72) | 0.010**<br>(2.19) | 0.005<br>(0.92) | 0.009**<br>(2.06) | 0.004<br>(0.82) |
| Information | 0.002*<br>(1.66) | 0.001<br>(1.46) | 0.002*<br>(1.65) | 0.001<br>(1.56) | 0.002*<br>(1.67) | 0.002<br>(1.63) |
| Growth | -0.001<br>(-1.30) | -0.002**<br>(-2.52) | -0.001<br>(-1.26) | -0.002**<br>(-2.39) | -0.001<br>(-1.26) | -0.002**<br>(-2.59) |
| LawD | 0.001*<br>(1.72) | -0.000<br>(-0.27) | 0.001*<br>(1.85) | -0.000<br>(-0.33) | 0.001*<br>(1.86) | -0.000<br>(-0.44) |
| Year | 控制 | 控制 | 控制 | 控制 | 控制 | 控制 |
| Industry | 控制 | 控制 | 控制 | 控制 | 控制 | 控制 |
| _cons | -0.033<br>(-1.31) | -0.049**<br>(-2.00) | -0.029<br>(-1.16) | -0.035<br>(-1.49) | -0.034<br>(-1.34) | -0.042*<br>(-1.76) |
| *N* | 343 | 343 | 343 | 343 | 343 | 343 |
| r2_a | 0.635 | 0.653 | 0.630 | 0.649 | 0.631 | 0.652 |
| F | 23.455 | 25.181 | 22.075 | 23.989 | 23.921 | 26.227 |

注：①表格内的数字上面表示估计系数，下面括号内的数字表示t统计量；②***、**、*分别表示1%，5%，10%的显著性水平。

为负，从两者的系数来看，法治水平在高管社会资本与权益融资成本间起到的作用不是很大。第3列和第4列主要是考察不同法治水平下，高管政治关联对权益融资的影响是否存在差异性。发现政治关联（Politics）的系数在第4列显著为正，且与高管政治身份的交互项也只有在第4列的一组中显著为负，这说明在法治水平低的地区中，企业高管的政治关联会在权益融资中带来负面效应，同样拥有政治身份高管为了自身职业的追求，对权益融资也造成了负面效应，然而当高管同时拥有这两项社会资本时，其综合效果会对权益融资成本产生积极效应。第5列和第6列主要是考察法治水平对高管声誉的影响效应。只有在第6列中，高管声誉的系数是显著为负的，即在法治水平低的地区，高管声誉与高管政治关联和政治身份的相互作用都能够帮助企业降低权益融资成本，同时这也表明高管声誉和高管政治关联与政治身份的交互项所产生的高管社会资本与法治在某种程度上有替代作用，高管声誉和高管长期较高的政治关联弥补了因法律缺失对创业板上市公司保护的不足。

6.4.2.6 社会信任与高管社会资本对权益融资成本的影响回归结果

为了进一步验证高管社会资本权益融资本成本的作用机理，本书从宏观环境上定义了宏观层面的社会资本，并考察了不同社会信任水平上高管社会资本与权益融资成本关的关系。回归结果如表6.8所示，发现只有第2列的高管社

**表6.8 社会信任与高管社会资本对权益融资成本的影响效应回归**

| Variable | $R_q$ | | | | | |
|---|---|---|---|---|---|---|
| | (1)<br>高 | (2)<br>低 | (3)<br>高 | (4)<br>低 | (5)<br>高 | (6)<br>低 |
| SocialT | −0.035<br>(−1.57) | −0.052**<br>(−2.26) | — | — | — | — |
| PI | — | — | −0.000**<br>(−0.00) | −0.001<br>(−0.81) | — | — |
| Politics | — | — | −0.007**<br>(−1.98) | −0.016**<br>(2.18) | — | — |
| P1 * P2 | — | — | 0.004**<br>(2.48) | −0.007**<br>(−2.46) | — | — |
| Social3 | — | — | — | — | 0.003<br>(0.03) | −0.037*<br>(−1.86) |
| Turnover | 0.000<br>(1.58) | −0.000<br>(−0.22) | 0.000<br>(1.16) | −0.000<br>(−0.37) | 0.000<br>(1.12) | −0.000<br>(−0.26) |
| Size | 0.002**<br>(2.27) | 0.001<br>(0.81) | 0.002**<br>(2.08) | 0.001<br>(0.58) | 0.002*<br>(1.89) | 0.001<br>(0.84) |
| Owner | −0.013**<br>(−2.54) | −0.008<br>(−1.44) | −0.013**<br>(−2.50) | −0.010*<br>(−1.65) | −0.013**<br>(−2.56) | −0.008<br>(−1.38) |
| Bpm | 0.040***<br>(9.63) | 0.043***<br>(11.54) | 0.039***<br>(9.73) | 0.045***<br>(11.78) | 0.040***<br>(9.86) | 0.044***<br>(11.77) |
| Beta | 0.002<br>(1.29) | 0.004*<br>(1.97) | 0.003<br>(1.54) | 0.004**<br>(2.23) | 0.003<br>(1.42) | 0.004**<br>(2.04) |
| Depar | 0.001<br>(0.27) | −0.004<br>(−0.70) | 0.001<br>(0.23) | −0.004<br>(−0.69) | 0.002<br>(0.35) | −0.005<br>(−0.79) |
| Independent | 0.000<br>(0.05) | −0.002<br>(−0.26) | −0.001<br>(−0.14) | −0.002<br>(−0.25) | −0.001<br>(−0.16) | −0.002<br>(−0.21) |
| Roa | −0.360***<br>(18.47) | −0.329***<br>(19.91) | −0.359***<br>(18.50) | −0.326***<br>(19.85) | −0.360***<br>(18.61) | −0.327***<br>(19.75) |

表6.8(续)

| Variable | $R_q$ | | | | | |
|---|---|---|---|---|---|---|
| | (1)<br>高 | (2)<br>低 | (3)<br>高 | (4)<br>低 | (5)<br>高 | (6)<br>低 |
| Age | 0.002*<br>(1.70) | -0.001<br>(-0.34) | 0.002<br>(1.61) | -0.000<br>(-0.32) | 0.002<br>(1.49) | -0.000<br>(-0.31) |
| Cash | 0.000<br>(0.06) | -0.000<br>(-0.70) | -0.000<br>(-0.33) | -0.000<br>(-0.64) | -0.000<br>(-0.14) | -0.000<br>(-0.68) |
| Leverage | 0.010**<br>(2.08) | 0.007<br>(1.45) | 0.009**<br>(1.98) | 0.005<br>(1.01) | 0.010**<br>(2.17) | 0.006<br>(1.23) |
| Information | 0.002**<br>(2.04) | 0.001<br>(0.96) | 0.002**<br>(2.23) | 0.001<br>(0.82) | 0.002**<br>(2.12) | 0.001<br>(1.00) |
| Growth | -0.002*<br>(-1.82) | -0.002**<br>(-2.37) | -0.002*<br>(-1.67) | -0.002**<br>(-2.09) | -0.002*<br>(-1.77) | -0.002**<br>(-2.44) |
| TrustD | -0.000<br>(-0.94) | 0.000<br>(1.46) | -0.000<br>(-0.66) | 0.000<br>(0.99) | -0.000<br>(-0.69) | 0.000<br>(1.49) |
| Year | 控制 | 控制 | 控制 | 控制 | 控制 | 控制 |
| Industry | 控制 | 控制 | 控制 | 控制 | 控制 | 控制 |
| _cons | -0.064***<br>(-2.80) | -0.016<br>(-0.66) | -0.061***<br>(-2.62) | -0.013<br>(-0.54) | -0.055**<br>(-2.44) | -0.019<br>(-0.73) |
| *N* | 343 | 343 | 343 | 343 | 343 | 343 |
| r2_a | 0.615 | 0.672 | 0.610 | 0.674 | 0.608 | 0.669 |
| F | 25.635 | 26.958 | 23.233 | 25.187 | 25.091 | 26.615 |

注：①表格内的数字上面表示估计系数，下面括号内的数字表示 t 统计量；② ***、**、* 分别表示 1%，5%，10%的显著性水平。

会资本的系数显著为负，说明在社会信任水平低的地区，人们之间缺乏信任，彼此合作较难，而此时高管声誉是高管社会资本的信任度的体现，在正式规范的缺失下，高管声誉作为很好的一个渠道为投资者与企业建立了关系，声誉是企业高管与利益相关者长期合作而形成的稳定的高管社会资本，其很好地替代了正式制度的功能，高管声誉更多体现了高管主动的隐形激励契约，特别是在不确定环境下，这种作用使得高管会积极建立声誉，以期在经理人市场上有较好的评价，这无论出于其以后的职业规划还是对现在公司而言都是利好的。而高管是企业与外界的桥梁，特别是对于创业板公司来说，一定程度上代表了企业的形象，由此可见，高管社会资本与社会信任（TrustD）存在替代关系。第

3 列和第 4 列报告了在不同社会信任水平下，高管政府关联在权益融资中的效用，结果显示第 3 列和第 4 列中高管的政治关联（Politics）的系数都显著为负，与高管政治身份的交互项第 3 列里的系数显著为正，第 4 列里的系数显著为负，说明在不同社会信任环境下，高管政治关联都会对权益融资产生一定的正面效应。当加上高管的政治身份后，信任度由低到高，这种效应的正面效果会有所降低。第 5 列和第 6 列报告了在不同社会信任水平下，高管声誉在权益融资中的效用，发现只有在社会信任度低的环境下，高管的声誉对权益融资成本的效应得到加强，进一步表明高管声誉与社会信任在对权益融资成本的影响方面，有着替代作用。在控制变量方面，在所有列中的成长性（Growth）的系数显著为负，说明成长性越高，权益融资成本更低，但社会信任对两者的影响不是很大。需要注意的是，在第 1、3、5 列中，信息披露水平（Information）的系数均显著为正，说明信息披露质量越高，企业的权益资本越高，这说明信息披露往往需要花很多成本，这导致了创业板公司的监督成本增加，从而导致权益成本增加。

## 6.5 稳健性分析

以上是基于 ols 对模型进行回归，为了保持结果的一致性，我们将其当作面板数据来回归，首先运用豪斯曼（hausman）检验，在固定与随机之间选择，回归结果如下所示：

chi2(10)= (b-B)'[(V_b-V_B)^(-1)](b-B)

= 47.12

Prob>chi2 =0.000 0

根据 chi2（10）= 47.12，Prob>chi2 =0.000 0<0.001，拒绝原假设，故选择随机模型。检验结果发现，大部分检验结果并没有发生实质性的改变。

此外，本书为了消除面板数据的异方差，采用 Robust 检验，检验结果发现，大部分检验结果并没有发生实质性的改变。

## 6.6 研究结论与启示

与社会资本相关的问题已成为当前学术研究的热点课题，然而鲜见直接考察高管社会资本对权益资本作用机制的研究文献。尤其不同于西方成熟的资本市场，再加上我国处于转型经济时期的特征，绝大多数为民营企业的创业板上市公司的融资问题值得大家关注。本章通过针对不同类型的高管社会资本，系统研究了高管社会资本对我国创业板上市公司权益资本成本的影响，主要研究结论如下：

（1）总的来说，高管社会资本能够降低创业板公司的权益融资成本，其中横向高管社会资本和网络高管社会资本也具有此作用，但纵向高管社会资本对权益融资成本的影响却微乎其微。这表明，公司高管拥有的关系范围越广，越有机会得到潜在股权投资者的青睐，从而更容易获得投资者的溢价投资，可见融资机会对于创业板公司融资的重要性。对于媒体关注所产生的高管声誉而言，一方面能够有效降低公司管理层的道德风险，另一方面能够减少投资者的信息搜寻成本和信息加工成本，从而降低公司权益资本。

（2）高管的政治关联单一作用时，会提高创业板公司的权益融资成本。但加入高管政治身份和国有股权后，其对权益融资成本的影响方向发生了改变，由负面影响转变为正面影响，特别是在国有股权比例较高的企业中，这种正面影响程度更大。这说明因为资本市场上的投资者缺乏对公司的了解和监督，高管有动机寻租谋取自身利益。当高管在政府里的地位相对较高或相对有影响时，会放弃寻租而追求维护自身的名声，避免道德风险，同时政治身份和政治关联的联合会在资本市场传递出一种利好的信号，从而使两者的相互作用会降低权益资本成本。在不同的信息披露质量水平下，高管声誉对权益融资成本的作用会有所差异。具体为在公司信息披露质量特别高的时候，这种影响效应比较显著，这说明高管声誉和信息披露质量在影响权益成本方面是互补关系。

（3）在不同制度环境下，高管社会资本对权益融资成本的影响会有所差异。在政府干预强、法治水平低、信任度高的地区，高管声誉以及高管政治关联和政治身份的交互项均对权益融资成本的影响效应会有所增强，而在社会信任度低的地区，高管社会资本对权益融资成本的影响效应更弱。

以上研究结论给我们的启示是：首先，在市场经济激烈竞争的今天，企业除了发挥自身优质资源来获取经营成功，应更多通过正常的市场行为，既要维持与政府建立起的联系又要避免过度依赖于这种关系；其次，高级管理人员的工作经历越丰富，带来的机会的可能性越大，这说明充分利用高管与各组织间的网络关系可以增加调动和配置资源的可能性；最后，高管越来越重视发展自身能力，尤其是建立个人声誉，这不仅是高管自身的优势，也会演变为企业的核心竞争力。在制度环境不完善的情况下，高管对自身社会资本追求的动力更大，并且对于不同性质的高管社会资本，会因制度环境的变化而产生不同的依赖程度。特别是随着制度环境的改善，高管会更加重视利用市场性社会资本。

# 7 结论、启示与局限

## 7.1 研究结论

创业板作为中国一个新兴的资本市场，主要以中小型高新技术企业为主，绝大部分都是民营企业，是民营企业中具有高成长性和创新性的代表。所以将创业板上市公司作为研究对象，显得十分必要。融资是一切经济活动的起源，无论是国企还是民企都迫切需要足够的资金，民营企业对此的诉求更为迫切，若资金链断裂不仅会阻碍发展，而且会陷入濒临破产的境地。因此，对于创业板公司而言，目前影响其发展最为关键的因素是融资，这也是亟待突破的"瓶颈"。本书主要运用经济、管理与社会因素相结合的分析方法，首先从高管社会资本指标体系的建立出发，对不同层面的高管社会资本进行区分，考察不同类型的高管社会资本对上市公司融资成本的影响作用；其次从高管社会资本中的政治关联、金融关联，以及声誉出发，研究创业板资本市场上高管社会资本对融资成本的影响机制。本书得出了如下主要结论：

（1）从社会资本角度出发建立高管社会资本指标体系，根据中国转型经济和创业板公司背景下，研究高管社会资本不同层面之间具有相对独立的变动性，虽然单一维度的值越大，高管社会资本会越高，但并不意味着的三个维度的值越大越好，它们之间是一个平衡的关系。创业板公司高管需要根据具体情形有目的地进行合理分配，从而得到更利于公司发展的社会资本水平，这有助于推动相关理论知识的深入发展。

（2）从声誉机制角度出发，通过人工收集网络媒体评价来统计网络高管声誉，发现网络高管社会资本仅对权益融资成本有影响。这表明，相对于债权人，资本市场上的投资者与企业间的信息不对称问题更为显著。媒体作用所产生的高管声誉（隐性激励—声誉激励）会受到广大股权投资者的关注。因为他们认同一种观点，声誉在长期隐形激励下，会呈现出一种稳定的状态（信号）：高管的道德风险较大，他会通过努力工作来提高自身的声誉，从而达到约束高管行为的效果，这就降低了交易费用，减少了代理成本，同时也就降低了企业资本成本。而横向高管社会资本和纵向高管社会资本对资本成本的影响不大，这说明缘于创业板上市公司的产权性质，绝大多数为民营企业，又处于新兴的九大行业，受政府的优待自然比较多，而受政府的干涉较少，导致融资成本无法通过积累这两个层面的高管社会资本来达到降低成本的效果。而债权人更多看重的是和企业长期合作后的关系密度，所以高管的金融关联能在一定程度上降低债务资本成本，也不存在大多数学者认为的：民营企业容易受到金融歧视，而更多的是企业自主选择的结果。

（3）高管政治关联单一作用能降低债务融资成本，加入高管政治身份和国有股权后，两者的相互作用会加强其正面效应；高管的政治关联单一作用于权益融资成本时，表现为负面影响，会增加融资成本，但当加入考虑高管的政治身份时，两者的相互作用会将负面影响转变为正面影响并降低了权益融资成本。进一步来看，在国有股权比例高的创业板公司中，高管政治关联会呈现积极效应，降低融资成本，且与政治身份的相互作用也被放大。这说明，高管建立与政府的关系时，应该在保证政治关联的同时，注意在政府中职位的提升。高管的金融关联单一作用会降低债务融资成本，且在银企关系多的企业中，高管金融关联的债务融资效应更大。进一步发现，只有在银企关系多的企业中，企业银行股东背景与高管金融关联的交互项能够降低债务融资成本。这表明，高管一方面应该充分发挥金融关联促进企业与银行关系的建立，另一方面，要充分利用银企关系提供的有利条件帮助企业建立自己的金融关系。高管声誉能够降低资本市场上的权益融资成本。在不同的信息披露质量水平下，高管声誉对权益融资成本的作用会有所差异，具体表现在公司信息披露质量特别高时，这种影响效应得到加强，这说明高管声誉与信息披露质量在影响权益成本方面是互补关系。

（4）在不同制度环境下，研究高管社会资本与融资成本之间的关系时，发现在信贷市场化低、法治水平低、政府干预强、金融市场化低，金融行业竞争低的地区，公司高管政治关联和金融关联对债务融资的影响程度会加强；而在社会信任度低的地区，高管政治关联和金融关联对债务融资的影响程度却会减弱。这表明在制度缺失的环境下，非正式制度的高管社会资本在一定程度上与这些正式的制度存在替代性。同时发现在政府干预强、法治水平低、信任度高的地区，高管声誉以及高管政治关联和政治身份的交互项均对权益融资成本的影响效应会有所增强；而在社会信任度低的地区，高管社会资本对权益融资成本的影响效应更弱。在制度环境相对不完善时，整体上的高管社会资本会相应增加，表现为创业板公司高管更为迫切需要社会资本。进一步研究发现，在不同制度环境下，高管社会资本对权益融资成本的影响会有所差异。在政府干预强、法治水平低、信任度高的地区，高管声誉以及高管政治关联和政治身份的交互项对权益融资成本的影响效应均会有所增强；而在社会信任度低的地区，高管社会资本对权益融资成本的影响效应更弱。

## 7.2 研究启示

本书的研究启示在于：

(1) 要从战略高度的层面出发，确立高管社会资本指标体系。高管社会资本除横向高管社会资本、纵向高管社会资本、网络高管社会资本三者外，还可加入新的评判体系进行区分。在快速转变的现实环境中，企业的发展具有不确定性，初创企业只有紧跟时代的步伐才能以较大的概率获得成功。所以，首先，高管根据环境的发展趋势和现有网络资源状况，预判未来制定战略意图的能力显得极为重要；其次是高管战略意图执行能力，有意识主动安排企业网络的结构和企业的网络地位来确定企业网络战略路径。具体可以通过增加社会资本的种类来完善指标体系，也可以把网络高管社会资本的定义相对放宽。因为高管对于网络进行识别、判断和根据战略的规划去创造需要的人际关系网和维持网络关系的经验与能力，能否对未来提前布局，掌握企业的主动权是对高管水平的终极考验，未来的研究可以就高管社会资本的指标体系进行更加深入的讨论。

既然声誉机制是网络高管社会资本对企业融资的内在机制，而媒体作为一种重要的外部治理机制，是企业和投资者链接的桥梁，那么降低企业融资成本就需要强调高管积累合适的社会资本，特别是网络高管社会资本的积累尤为重要。然而与政治、金融相关联的社会资本，未能显著缓解企业的融资成本，这需要加强金融等利益相关者对企业本身的信任。所以，为了进一步发挥高管社会资本降低融资成本的作用，一方面应从法律上保障和维护媒体的知情权，有助于投资者正确了解企业的真实情况；另外一方面应建立完善高管社会资本体系，有助于高管选取更符合企业的要求，有助于企业的发展。于是，我国政府应该进一步推进媒体的产业化改革，保障媒体行业的健康持续发展，提高媒体的权威性和独立性，从而更好地发挥其外部监督治理作用。

（2）考虑加强单一高管社会资本的正向作用时，亦理应加强对与之密切相关的其他类型社会资本的积累，从而更好地发挥高管社会资本缓解融资压力的能力。比如考察高管金融关联的影响效应时，需要考虑银企关系这一微观因素的影响；考察高管政治关联的影响效应时，需要考虑国有股权这一性质和高管政治身份的影响。因此，针对不同性质的高管社会资本，需要从不同角度加以分析。

## 7.3 研究局限

本书的研究局限主要在于：

（1）由于客观的技术原因和数据的可获得性，本书只是人工收集了创业板上市公司的数据，如能在 A 股市场中找到与创业板上市公司一一对应的公司进行比较分析，就能在政府关系（横向高管社会资本和纵向高管社会资本均含有此指标的不同方面）上做出一个明确的比较，更能研究清楚与政府相关的关系会受到公司产权性质多大的影响，这是本书后续研究需要进一步完善的地方。需要注意的是研究范围不能直接推及主板，需要根据 A 股企业的特征进行分析，借用相同的理论进行推导，也许 A 股关注的重点还有其他因素，需要做出一定的调整。

（2）分组研究有待精细化，应该将政治关联和政治身份分为多种组合方式。比如考察一下曾任职于政府，但现在没有在政府里面任职的高管，即有政治关联但没有政治身份的高管为一组，既有政治关联又有政治身份的高管为第二组，没有政治关联有政治身份为第三组。这三种不同交错的政治关系，其高管社会资本是否有很大的差异，以及其对融资成本的影响又是怎样的。只有越具体细分越能看清事物的本质，从而更加清楚探寻高管社会资本作用于融资成本的机理。

（3）受时间和技术的限制，高管社会资本的指标体系有待进行全面、深入的细分。虽然三个不同维度的社会资本，能在一定程度上较为准确地体现高管社会资本的特征，但应该加入更多可考察可量化的指标，比如与公司注册地社区的关系，与同行业企业往来的次数，等等。可以从社会资本的广度（多样性）和深度（紧密性）两方面进行延伸，使得高管社会资本这个多维度形象得到更加准确的刻画，研究的内容也会得到相应的扩展。

## 7.4 研究建议

在本书研究的基础之上，结合国内外对高管社会资本的研究现状，笔者对高管社会资本的后续研究方向提出如下建议：

（1）要从战略高度的层面出发，确立高管社会资本指标体系。高管社会资本除横向高管社会资本、纵向高管社会资本、网络高管社会资本三者外，还可加入新的评判体系进行区分。在快速转变的现实环境中，企业的发展具有不确定性，初创企业只有紧跟时代的步伐才能以较大的概率获得成功。所以，首先，高管根据环境的发展趋势和现有网络资源状况，预判未来制定战略意图的能力显得极为重要；其次是高管战略意图执行能力，有意识主动安排企业网络的结构和企业的网络地位来确定企业网络战略路径。可以通过增加社会资本的种类来完善指标体系，也可以把网络高管社会资本定义相对放宽，指高管对于网络进行识别、判断和根据战略的规划去创造需要的人际关系网和维持网络关系的经验。能否对未来提前布局，掌握企业的主动权是对高管水平的终极考验，未来的研究可以就高管社会资本的指标体系进行更加深入的讨论。

（2）经过本书的研究发现，网络高管社会资本在融资方面的作用不容忽视。对于需重视的网络高管社会资本来说，更重要的是如何通过市场建立一种有效的机制，推进社会公众和高管对声誉的重视。而声誉是一种权益资本，因此，声誉建立的过程也就是资本构建的过程。本书认为针对声誉构建的研究还可以从信息传输体制方面来继续深化，而高管声誉与媒体信息息息相关。企业自身声誉较差，若利用异地办企业信息不对称的问题，有时能够使劣质企业发展良好。若能够建立声誉传输体制，则会使高管声誉更容易被人认可，更具说服力。随着现在企业征信平台的建立和开展，高管声誉的传输体制也更应加速发展。

# 参考文献

## 一、英文文献

[1] ALEXANDER G J, EUN C S, JANAKIRAMANAN S. Asset pricing and dual listing on foreign capital markets: A note [J]. Journal of Finance, 1987: 151-158.

[2] ALLEN F, QIAN J, QIAN M. Law, finance, and economic growth in China [J]. Journal of financial economics, 2005, 77 (1): 57-116.

[3] ANDERSON R C, REEB D M. Founding-family ownership and firm performance: Evidence from the S&P 500 [J]. Journal of finance, 2003: 1301-1328.

[4] ASHBAUGH H, COLLINS D W, LAFOND R. Corporate governance and the cost of equity capital [J]. Emory, University of Iowa. Retrieved on January, 2004, 26: 2006.

[5] BALL R, BROWN P. An empirical evaluation of accounting income numbers [J]. Journal of accounting research, 1968: 159-178.

[6] BARRY C B, BROWN S J. Differential information and the small firm effect [J]. Journal of Financial Economics, 1984, 13 (2): 283-294.

[7] BEDARD K. Human capital versus signaling models: university access and high school dropouts [J]. Journal of Political Economy, 2001, 109 (4): 749-775.

[8] BHANDARI L C. Debt/equity ratio and expected common stock returns: Empirical evidence [J]. Journal of finance, 1988: 507-528.

[9] BHATTACHARYA U, DAOUK H, WELKER M. The world price of earnings opacity [J]. The Accounting Review, 2003, 78 (3): 641-678.

[10] BIAN Y, ANG S. Guanxi networks and job mobility in China and Singapore [J]. Social Forces, 1997, 75 (3): 981-1005.

[11] BLACK E L, CARNES T A, RICHARDSON V J. The market valuation of corporate reputation [J]. Corporate Reputation Review, 2000, 3 (1): 31-42.

[12] BOTOSAN C A. Disclosure level and the cost of equity capital [J]. Accounting review, 1997: 323-349.

[13] BOURDIEU P, WACQUANT L J D. An invitation to reflexive sociology [M]. University of Chicago press, 1992.

[14] BOURDIEU P. Le capital social: Notes provisoires [J]. Acts de la rederche en sciences sociules, 1980.

[15] BOURDIEU P. "The Forms of Capital," in John Richardson, ed, Handbook of Theory and Research for the Sociology of Education [M]. New York: Greenwood Press, 1986: 241-258

[16] BOSSE D A. Bundling governance mechanisms to efficiently organize small firm loans [J]. Journal of Business Venturing, 2009, 24 (2): 183-195.

[17] BRENNAN M J, CHORDIA T, SUBRAHMANYAM A. Alternative factor specifications, security characteristics, and the cross-section of expected stock returns [J]. Journal of Financial Economics, 1998, 49 (3): 345-373.

[18] BRUNETTI A, KISUNKO G, WEDER B. Credibility of rules and economic growth: Evidence from a worldwide survey of the private sector [J]. The World Bank Economic Review, 1998, 12 (3): 353-384.

[19] BURT R S. Structural holes: The social structure of competition [M]. Boston: Harvard university Press, 2009.

[20] BURT R S. The social structure of competition [J]. Explorations in economic sociology, 1993, 65: 103.

[21] CAMPBELL K E, MARSDEN P V, HURLBERT J S. Social resources and socioeconomic status [J]. Social networks, 1986, 8 (1): 97-117.

[22] CARTER J, BITTING E, GHORBANI A A. Reputation formalization for an information sharing multi agent system [J]. Computational Intelligence, 2002, 18 (4): 515-534.

[23] CHAN L K C, HAMAO Y, LAKONISHOK J. Fundamentals and stock returns in Japan [J]. The Journal of Finance, 1991, 46 (5): 1739-1764.

[24] CHENG C S A, COLLINS D, HUANG H H. Shareholder rights, financial disclosure and the cost of equity capital [J]. Review of Quantitative Finance and Ac-

counting, 2006, 27 (2): 175-204.

[25] CHUNG S A, SINGH H, LEE K. Complementarity, status similarity and social capital as drivers of alliance formation [J]. Strategic management journal, 2000, 21 (1): 1-22.

[26] COLEMAN J S, COLEMAN J S. Foundations of social theory [M]. Boston: Harvard university press, 1994.

[27] COLEMAN J S. Social capital in the creation of human capital [J]. American journal of sociology, 1988: 95-120.

[28] COLES J L, LOEWENSTEIN U, SUAY J. On equilibrium pricing under parameter uncertainty [J]. Journal of Financial and Quantitative Analysis, 1995, 30 (03): 347-364.

[29] CORE J E, HOLTHAUSEN R W, LARCKER D F. Corporate governance, chief executive officer compensation, and firm performance [J]. Journal of financial economics, 1999, 51 (3): 371-406.

[30] COUGHLAN A T, SCHMIDT R M. Executive compensation, management turnover, and firm performance: An empirical investigation [J]. Journal of Accounting and Economics, 1985, 7 (1): 43-66.

[31] CRAVENS K, OLIVER E G, RAMAMOORTI S. The Reputation Index: : Measuring and Managing Corporate Reputation [J]. European Management Journal, 2003, 21 (2): 201-212.

[32] DIAMOND D W, VERRECCHIA R E. Disclosure, liquidity, and the cost of capital [J]. The journal of Finance, 1991, 46 (4): 1325-1359.

[33] DIAMOND D W. Debt maturity structure and liquidity risk [J]. The Quarterly Journal of Economics, 1991: 709-737.

[34] DIAMOND D W. Monitoring and reputation: The choice between bank loans and directly placed debt [J]. Journal of political Economy, 1991: 689-721.

[35] DOBY V J, CAPLAN R D. Organizational stress as threat to reputation: Effects on anxiety at work and at home [J]. Academy of Management Journal, 1995, 38 (4): 1105-1123.

[36] DYCK A, VOLCHKOVA N, ZINGALES L. The corporate governance role of the media: Evidence from Russia [J]. The Journal of Finance, 2008, 63 (3): 1093-1135.

[37] EASLEY D, O'HARA M. Information and the cost of capital [J]. The journal of finance, 2004, 59 (4): 1553-1583.

[38] ELLIOTT J W. The Cost of Capital and US Capital Investment: A Test of Alternative Concepts [J]. The Journal of Finance, 1980, 35 (4): 981-999.

[39] ERRUNZA V R, MILLER D P. Market segmentation and the cost of the capital in international equity markets [J]. Journal of Financial and Quantitative analysis, 2000, 35 (04): 577-600.

[40] ERRUNZA V, LOSQ E. International asset pricing under mild segmentation: Theory and test [J]. The Journal of Finance, 1985, 40 (1): 105-124.

[41] FAMA E F, FRENCH K R. Common risk factors in the returns on stocks and bonds [J]. Journal of financial economics, 1993, 33 (1): 3-56.

[42] FLANNERY M J. Asymmetric information and risky debt maturity choice [J]. The Journal of Finance, 1986, 41 (1): 19-37.

[43] FOMBRUN C, SHANLEY M. What's in a name? Reputation building and corporate strategy [J]. Academy of management Journal, 1990, 33 (2): 233-258.

[44] FOMBRUN C. Value to be found in corporate reputations: The public's view of a company not only acts as areservoir of goodwill, but also boosts the bottom line [J]. Financial Times, 2000, (12): 8-10.

[45] FUKUYAMA F. Social capital and civil society [J]. Foundations of social capital. Cheltenham: Edward Elgar Pub, 2003.

[46] FUKUYAMA F. Social capital, civil society and development [J]. Third world quarterly, 2001, 22 (1): 7-20.

[47] FUKUYAMA F. Trust: The social virtues and the creation of prosperity [M]. New York: Free press, 1996.

[48] GEBHARDT W R, LEE C M C, SWAMINATHAN B. Toward an implied cost of capital [J]. Journal of accounting research, 2001, 39 (1): 135-176.

[49] GLAESER E L, LAIBSON D, SCHEINKMAN J A, et al. What is social capital? The determinants of trust and trustworthiness [R]. National bureau of economic research, 1999.

[50] GOTSI M, WILSON A M. Corporate reputation: seeking a definition [J]. Corporate Communications: An International Journal, 2001, 6 (1): 24-30.

[51] GRANOVETTER M S. The strength of weak ties [J]. American journal of

sociology, 1973: 1360-1380.

[52] GRANOVETTER M. Economic action and social structure: the problem of embeddedness [J]. American journal of sociology, 1985: 481-510.

[53] GRINSTEIN Y, VALLES ARELLANO Y. Separating the CEO from the chairman position: determinants and changes after the new corporate governance regulation [J]. Separating the CEO from the Chairman Position: Determinants and Changes after the New Corporate Governance Regulation (March 2008), 2008.

[54] GULATI R. Alliances and networks [J]. Strategic management journal, 1998, 19 (4): 293-317.

[55] HAMADA R S. The effect of the firm's capital structure on the systematic risk of common stocks [J]. The Journal of Finance, 1972, 27 (2): 435-452.

[56] HANDA P, LINN S C. Arbitrage pricing with estimation risk [J]. Journal of Financial and Quantitative Analysis, 1993, 28 (01): 81-100.

[57] HANIFAN L J. The rural school community center [J]. Annals of the American Academy of political and Social Science, 1916, 67: 130-138.

[58] HAGEDOORN J, DUYSTERS G. Learning in dynamic inter-firm networks: the efficacy of multiple contacts [J]. Organization studies, 2002, 23 (4): 525-548.

[59] HIRSHLEIFER D. Managerial reputation and corporate investment decisions [J]. Financial Management, 1993: 145-160.

[60] HOLMSTRÖM B. Managerial incentive problems: A dynamic perspective [J]. The Review of Economic Studies, 1999, 66 (1): 169-182.

[61] HÖLMSTROM B. Moral hazard and observability [J]. The Bell journal of economics, 1979: 74-91.

[62] HÖLMSTROM B. Moral hazard in teams [J]. The Bell Journal of Economics, 1982: 324-340.

[63] HUANG H, WANG Q, ZHANG X. The effect of CEO ownership and shareholder rights on cost of equity capital [J]. Corporate Governance: The international journal of business in society, 2009, 9 (3): 255-270.

[64] JENSEN M C, MECKLING W H. Theory of the firm: Managerial behavior, agency costs and ownership structure [J]. Journal of financial economics, 1976, 3 (4): 305-360.

[65] KAPLAN S E, RAVENSCROFT S P. The reputation effects of earnings management in the internal labor market [J]. Business Ethics Quarterly, 2004, 14 (03): 453-478.

[66] KILDUFF M, KRACKHARDT D. Bringing the individual back in: A structural analysis of the internal market for reputation in organizations [J]. Academy of management journal, 1994, 37 (1): 87-108.

[67] KOTHARI S P, SHANKEN J, SLOAN R G. Another look at the cross - section of expected stock returns [J]. The Journal of Finance, 1995, 50 (1): 185-224.

[68] LA PORTA R, LOPEZ-DE-SILANES F, SHLEIFER A, et al. Investor protection and corporate governance [J]. Journal of financial economics, 2000, 58 (1): 3-27.

[69] LEE C M C. Accounting-based valuation: Impact on business practices and research [J]. Accounting horizons, 1999, 13 (4): 413-425.

[70] LIN N, BIAN Y. Getting ahead in urban China [J]. American Journal of Sociology, 1991: 657-688.

[71] LIN N, DUMIN M. Access to occupations through social ties [J]. Social networks, 1986, 8 (4): 365-385.

[72] LIN N. Social capital: A theory of social structure and action [M]. Cambridge university press, 2002.

[73] LIN N. Social networks and status attainment [J]. Annual review of sociology, 1999: 467-487.

[74] LIN N. Social resources and instrumental action [M]. State University of New York, Department of Sociology, 1981.

[75] LIN N. Social resources and social mobility: A structural theory of status attainment [J]. Social mobility and social structure, 1990: 247-271.

[76] LIN N. Social Capital [M]. Cambridge: Cambridge University Press, 2001.

[77] MAILATH G J, SAMUELSON L. Who wants a good reputation? [J]. The Review of Economic Studies, 2001, 68 (2): 415-441.

[78] MC CONAUGHY D L. Is the cost of capital different for family firms? [J]. Family Business Review, 1999, 12 (4): 353-360.

[79] MILBOURN T T. CEO reputation and stock-based compensation [J]. Journal of Financial Economics, 2003, 68 (2): 233-262.

[80] MILLER M H, MODIGLIANI F. Some estimates of the cost of capital to the electric utility industry, 1954-57 [J]. The American Economic Review, 1966: 333-391.

[81] MODIGLIANI F, MILLER M H. The cost of capital, corporation finance and the theory of investment [J]. The American economic review, 1958: 261-297.

[82] MORRIS J. RA Model for Corporate Debt Maturity Decision [J]. Journal of Financial and Quantitative Analysis , 1976 (11): 339-357

[83] MYERS S C. The capital structure puzzle [J]. The journal of finance, 1984, 39 (3): 574-592.

[84] NAHAPIET J, GHOSHAL S. Social capital, intellectual capital, and the organizational advantage [J]. Academy of management review, 1998, 23 (2): 242-266.

[85] NEE V. Social inequalities in reforming state socialism: Between redistribution and markets in China [J]. American Sociological Review, 1991: 267-282.

[86] PARK S H, LUO Y. Guanxi and organizational dynamics: Organizational networking in Chinese firms [J]. Strategic management journal, 2001, 22 (5): 455-477.

[87] PARKER G R. Reputational capital, opportunism, and self-policing in legislatures [J]. Public Choice, 2005, 122 (3-4): 333-354.

[88] POLANYI K. Trade and Market in the Early Empire [C]. Glence: The Free Press, 1957: 243.

[89] PORTES A. Social capital: Its origins and applications in modern sociology [J]. LESSER, Eric L. Knowledge and Social Capital. Boston: Butterworth-Heinemann, 2000: 43-67.

[90] PREINREICH G A D. Annual survey of economic theory: the theory of depreciation [J]. Econometrica: Journal of the Econometric Society, 1938: 219-241.

[91] PUTNAM R D, LEONARDI R, NANETTI R Y. Making democracy work: Civic traditions in modern Italy [M]. Princeton university press, 1994.

[92] PUTNAM R D. Bowling alone: America's declining social capital [J]. Journal of democracy, 1995, 6 (1): 65-78.

[93] PUTNAM R D. Bowling alone: The collapse and revival of American community [M]. Simon and Schuster, 2001.

[94] PUTNAM R D. The prosperous community: social capital and public life [J]. The american prospect, 1993 (13).

[95] RAJGOPAL S, SHEVLIN T, ZAMORA V. CEOs' outside employment opportunities and the lack of relative performance evaluation in compensation contracts [J]. The Journal of Finance, 2006, 61 (4): 1813-1844.

[96] ROSE R. Getting things done in an antimodern society: social capital networks in Russia [J]. Social capital: A multifaceted perspective, 2000: 147-172.

[97] ROSEN S. The economics of superstars [J]. The American economic review, 1981: 845-858.

[98] ROSENBERG B. Extra-market components of covariance in security returns [J]. Journal of Financial and Quantitative Analysis, 1974, 9 (2): 263-274.

[99] SAXENIAN A L. Regional networks: industrial adaptation in Silicon Valley and route 128 [J]. 1994.

[100] SHARPE W F. Capital asset prices: A theory of market equilibrium under conditions of risk * [J]. The journal of finance, 1964, 19 (3): 425-442.

[101] SHLEIFER A, VISHNY R W. A survey of corporate governance [J]. The journal of finance, 1997, 52 (2): 737-783.

[102] STULZ R M. Golbalization, corporate finance, and the cost of capital [J]. Journal of applied corporate finance, 1999, 12 (3): 8-25.

[103] TEECE D J. Economies of Scope and the Scope of the Enterprise [J]. Resources, firms and strategies, 1997: 103-116.

[104] WOOLCOCK M, NARAYAN D. Social capital: Implications for development theory, research, and policy [J]. The world bank research observer, 2000, 15 (2): 225-249.

[105] WOOLCOCK M. Social capital and economic development: Toward a theoretical synthesis and policy framework [J]. Theory and society, 1998, 27 (2): 151-208.

[106] WORDEN S. The role of integrity as a mediator in strategic leadership: a recipe for reputational capital [J]. Journal of Business Ethics, 2003, 46 (1): 31-44.

[107] YERMACK D. Remuneration, retention, and reputation incentives for outside directors [J]. The Journal of Finance, 2004, 59 (5): 2281-2308.

## 二、中文文献

[1] 边燕杰，丘海雄. 企业的社会资本及其功效 [J]. 中国社会科学，2000, 2 (2): 2.

[2] 边燕杰. 城市居民社会资本的来源及作用：网络观点与调查发现 [J]. 中国社会科学，2004 (3): 136-146.

[3] 边燕杰. 社会资本研究 [J]. 学习与探索，2006 (2): 39-40.

[4] 曹敏，何佳. 金融中介及关系银行：基于广东外资企业银行融资数据的研究 [J]. 经济研究，2003 (3): 44-53.

[5] 曾萍，邬绮虹. 女性高管参与对企业技术创新的影响：基于创业板企业的实证研究 [J]. 科学学研究，2012, 30 (5): 773-781.

[6] 曾颖，陆正飞. 信息披露质量与股权融资成本 [J]. 经济研究，2006, 2 (006): 2.

[7] 陈爱辉，鲁耀斌. SNS 用户活跃行为研究：集成承诺、社会支持、沉没成本和社会影响理论的观点 [J]. 南开管理评论，2014 (3): 30-39.

[8] 陈传明，周小虎. 企业家社会资本：概念，特点与意义（一）[J]. 中国科技成果，2003 (7): 14-16.

[9] 陈传明，周小虎. 企业家社会资本：概念，特点与意义（三）[J]. 中国科技成果，2003 (9): 11-12.

[10] 陈德萍，曾智海. 资本结构与企业绩效的互动关系研究 [J]. 会计研究，2012 (8).

[11] 陈建林. 家族涉入对创业企业债务融资的影响：基于社会资本视角的研究述评 [J]. 中央财经大学学报，2013, 8: 79-83.

[12] 陈建林. 家族控制与民营企业债务融资：促进效应还是阻碍效应? [J]. 财经研究，2013 (7): 4.

[13] 陈骏，徐玉德. 高管薪酬激励会关注债权人利益吗?：基于我国上市公司债务期限约束视角的经验证据 [J]. 会计研究，2012 (9): 73-81.

[14] 陈立辉. 中国农业企业应对汇率风险：策略，行为与实证 [D]. 杭州：浙江大学，2011.

[15] 陈其安，方彩霞，肖映红. 基于上市公司高管人员过度自信的股利分

配决策模型研究［J］．中国管理科学，2010，18（3）：174-184.

［16］陈钦约．企业家社会网络嵌入机制研究［J］．中央财经大学学报，2009（9）：77-80.

［17］陈硕．社会资本视角下的我国民间金融发展问题研究［D］．北京：北京交通大学，2015.

［18］陈晓，单鑫．债务融资是否会增加上市企业的融资成本？［J］．经济研究，1999，9（1）：18-18.

［19］陈信元，陈冬华，万华林，等．地区差异，薪酬管制与高管腐败［J］．管理世界，2009，11（130-143）.

［20］陈玉梅．企业家社会网络研究述评［J］．经济纵横，2012（8）：32.

［21］陈运森，郑登津，李路．民营企业发审委社会关系、IPO资格与上市后表现［J］．会计研究，2014（2）：12-19.

［22］陈璐，杨百寅，井润田，等．高层管理团队内部社会资本、团队冲突和决策效果的关系：研究综述与理论分析框架［J］．南开管理评论，2009（6）：42-50.

［23］陈小林，林昕．盈余管理，盈余管理属性与审计意见：基于中国证券市场的经验证据［J］．会计研究，2011（6）：77-85.

［24］崔巍．我国区域金融发展的差异性研究：基于社会资本的视角［J］．经济学动态，2013（3）：89-94.

［25］代宏霞，臧曼，林祥友．股指期货不同交易类型对价格波动影响的差异性研究［J］．投资研究，2013（6）：105-114.

［26］戴亦一，张俊生，曾亚敏，等．社会资本与企业债务融资［J］．中国工业经济，2009（8）：99-108.

［27］邓建平，曾勇．金融关联能否缓解民营企业的融资约束［J］．金融研究，2011（8）：78-92.

［28］邓建平．银行关联、审计意见与债务契约：基于我国民营企业的实证研究［J］．上海立信会计学院学报，2011，25（6）：28-37.

［29］邓俊荣，张宁．民营企业家社会资本的动态发展对企业成长的影响研究［J］．经济研究导刊，2011（33）：211-213.

［30］段海艳．我国风险投资退出机制的探讨［J］．内蒙古科技与经济，2009（18）：5-7.

［31］方军雄．民营上市公司真的面临银行贷款歧视吗？［J］．管理世界，

2010 (11): 123-131.

[32] 冯慧群. 董事会资本对公司治理的影响效应研究 [D]. 天津: 南开大学, 2014.

[33] 弗朗西斯·福山. 信任: 社会美德与创造经济繁荣 (中译本) [M]. 彭志华, 译. 海口: 海南出版社, 2001.

[34] 葛腾飞. 货币政策对区域消费影响的差异性: 基于动态自回归分布滞后模型 [J]. 广西财经学院学报, 2015 (2).

[35] 郭毅, 朱熹. 企业家的社会资本: 对企业家研究深化 [J]. 外国经济与管理, 2002, 24 (1): 13-16.

[36] 龚鹤强, 林健. 我国私营企业构建动态竞争优势的一个模型及其分析 [J]. 财经科学, 2004 (1).

[37] 何玉, 张天西. 网络财务报告、信息不对称与资本成本 [C]. 中国会计学会 2006 年学术年会论文集 (中册), 2006.

[38] 贺小刚, 沈瑜, 连燕玲. 企业家社会关系与高科技企业的成长 [J]. 经济管理, 2006 (15): 47-50.

[39] 贺远琼, 田志龙, 陈昀. 环境不确定性, 企业高层管理者社会资本与企业绩效关系的实证研究 [J]. 管理学报, 2008, 5 (3): 423-429.

[40] 洪名勇, 钱龙. 信任、声誉及其内在逻辑 [J]. 贵州大学学报: 社会科学版, 2014, 32 (1): 34-39.

[41] 胡旭阳. 民营企业家的政治身份与民营企业的融资便利: 以浙江省民营百强企业为例 [J]. 管理世界, 2006 (5): 107-113.

[42] 惠朝旭. 企业家社会资本: 基于经济社会学基础上的解释范式 [J]. 理论与改革, 2004 (3): 117-120.

[43] 江成, 周其仁. 产权与制度变迁: 中国改革的经验研究 [J]. 中国学术, 2005, 4 (4): 319-322.

[44] 江伟, 李斌. 金融发展与企业债务融资 [J]. 中国会计评论, 2007, 4 (2): 255-276.

[45] 姜付秀, 刘志彪, 李焰. 不同行业内公司之间资本结构差异研究: 以中国上市公司为例 [J]. 金融研究, 2008 (5): 172-185.

[46] 姜付秀, 陆正飞. 多元化与资本成本的关系: 来自中国股票市场的证据 [J]. 会计研究, 2006 (6): 48-55.

[47] 李广子, 刘力. 债务融资成本与民营信贷歧视 [J]. 金融研究, 2009

(12)：137-150.

[48] 李海超，陈雪静. 社会资本对企业技术创新的影响机理研究 [J]. 科技管理研究，2015，35 (6)：80-84.

[49] 李久鑫，郑绍濂. 管理的社会网络嵌入性视角 [J]. 外国经济与管理，2002，24 (6)：2-6.

[50] 李连波，谢富胜. 马克思有人力资本理论吗?：与顾婷婷、杨德才商榷 [J]. 当代经济研究，2015 (2)：25-31.

[51] 李世辉，雷新途. 债务契约，财务冲突与控制权配置：述评与框架 [J]. 湖南大学学报：社会科学版，2012，26 (3)：42-47.

[52] 李小荣，张瑞君，董红晔. 债务诉讼与股价崩盘风险 [J]. 中国会计评论，2014 (2)：133-158.

[53] 李悦，熊德华，张峥，等. 中国上市公司如何选择融资渠道：基于问卷调查的研究 [J]. 金融研究，2008 (8)：86-104.

[54] 李治国，唐国兴. 资本形成路径与资本存量调整模型 [J]. 经济研究，2003 (2)：34-42.

[55] 李四海，刘星河，吴伟炯. 社会信任环境与民营企业债务融资研究：来自中国上市公司的经验证据 [J]. 金融评论，2013，5 (2)：75-88.

[56] 李茜，张建君. 制度前因与高管特点：一个实证研究 [J]. 管理世界，2010 (10)：110-121.

[57] 刘惠萍，张世英. 基于声誉理论的我国经理人动态激励模型研究 [J]. 中国管理科学，2005，13 (4)：78-86.

[58] 刘丽颖. 中国上市公司高管声誉的效应研究 [D]. 天津：南开大学，2013.

[59] 刘林. 企业家社会资本的研究评论 [J]. 重庆大学学报 (社会科学版)，2015，21 (1)：77-90.

[60] 刘林平. 企业的社会资本：概念反思和测量途径：兼评边燕杰，丘海雄的《企业的社会资本及其功效》[J]. 社会学研究，2006 (2)：204-216.

[61] 刘少杰. 以行动与结构互动为基础的社会资本研究：评林南社会资本理论的方法原则和理论视野 [J]. 国外社会科学，2004 (2)：21-28.

[62] 卢文彬，官峰，张佩佩，等. 媒体曝光度，信息披露环境与权益资本成本 [J]. 会计研究，2014 (12)：10.

[63] 陆铭，李爽. 社会资本、非正式制度与经济发展 [J]. 管理世界，

2008, 9: 161-165.

[64] 陆迁，王昕. 社会资本综述及分析框架 [J]. 商业研究，2012 (2): 141-145.

[65] 罗党论，唐清泉. 政治关系、社会资本与政策资源获取：来自中国民营上市公司的经验证据 [J]. 世界经济，2009 (7): 84-96.

[66] 罗楠，刘斌. 公允价值计量对债务契约有用性的影响研究 [J]. 证券市场导报，2012 (8): 8.

[67] 罗华伟，干胜道. 社会资本对农产品加工企业银行债务融资的影响：来自中小企业板农产品加工上市公司的证据 [J]. 农村经济，2015 (2): 12.

[68] 马富萍，李燕萍. 资源型企业高管社会资本、资源获取与技术创新 [J]. 经济管理，2011 (8): 51-59.

[69] 马宏，李耿. 制度、社会资本与高新技术企业融资约束：基于创业板上市公司的实证研究 [J]. 证券市场导报，2014 (12): 8.

[70] 马宏. 社会资本与中小企业融资约束 [J]. 经济问题，2010 (12): 68-72.

[71] 马金平，周勇. 不同层次培训对农民工收入影响的差异性：人力资本的中介作用 [J]. 武汉科技大学学报：社会科学版，2013, 15 (3): 250-253.

[72] 马连福，刘丽颖. 高管声誉激励对企业绩效的影响机制 [J]. 系统工程，2013 (5): 5.

[73] 毛洪涛，张正勇. 企业社会责任信息披露影响因素及经济后果研究述评 [J]. 科学决策，2009 (8): 87-94.

[74] 毛洁. 内部控制，资本结构与代理成本：基于创业板上市公司的实证研究 [J]. 财会通讯：综合（下），2012 (2): 87-90.

[75] 孟晓俊，肖作平，曲佳莉. 企业社会责任信息披露与资本成本的互动关系：基于信息不对称视角的一个分析框架 [J]. 会计研究，2010 (9): 8.

[76] 缪荣，茅宁. 中国公司声誉测量指标构建的实证研究 [J]. 南开管理评论，2007, 10 (1): 91-98.

[77] 梅琳. 无形资本对创意产业新创企业成长性的影响：以广告业为例 [J]. 科技管理研究，2012, 32 (9): 130-134.

[78] 宁向东，崔弼洙，张颖. 基于声誉的独立董事行为研究 [J]. 清华大学学报：哲学社会科学版，2012, 27 (1): 129-136.

[79] 潘越，戴亦一，吴超鹏，等. 社会资本、政治关系与公司投资决策

[J]. 经济研究, 2009, 11 (2): 223-246.

[80] 彭正龙, 姜卫韬. 企业家社会资本、概念、影响机制及其研究新方向 [J]. 经济管理, 2008, 10: 10-16.

[81] 皮天雷. 国外声誉理论: 文献综述, 研究展望及对中国的启示 [J]. 首都经济贸易大学学报, 2009 (3): 95-101.

[82] 千春玉, 房石, 王璐. 企业社会资本研究 [J]. 中国环境管理干部学院学报, 2008, 18 (2): 58-60.

[83] 秦剑, 张玉利. 社会资本对创业企业资源获取的影响效应研究 [J]. 当代经济科学, 2013 (2): 96-106.

[84] 秦志华, 徐斌, 张明慧. 创业融资中社会资本作用机理的理论模型解释 [J]. 管理评论, 2012, 24 (005): 10-20.

[85] 任翠玉. 中国上市公司股权资本成本影响因素研究 [D]. 大连: 东北财经大学, 2011.

[86] 沈红波, 廖冠民, 曹军. 金融发展、产权性质与上市公司担保融资 [J]. 中国工业经济, 2011 (6): 120-129.

[87] 沈艺峰, 刘微芳, 游家兴. 嵌入性: 企业社会资本和企业融资结构: 来自我国房地产上市公司的经验证据 [J]. 经济管理, 2009 (5): 109-116.

[88] 沈艺峰, 肖珉, 黄娟娟. 中小投资者法律保护与公司权益资本成本 [J]. 经济研究, 2005, 6 (115): 124.

[89] 石秀印. 中国企业家成功的社会网络基础 [J]. 管理世界, 1998 (6): 187-196.

[90] 石军伟, 付海艳. 企业的异质性社会资本及其嵌入性风险: 基于中国经济转型情境的实证研究 [J]. 中国工业经济, 2010 (11): 109-119.

[91] 宋增基, 尚秋丽. 国有股权, 社会资本与银行融资便利性: 来自中国民营控股上市公司的经验证据 [J]. 商业研究, 2015 (6): 138-145.

[92] 苏冬蔚, 曾海舰. 宏观经济因素、企业家信心与公司融资选择 [J]. 金融研究, 2011 (4): 129-142.

[93] 孙静华. 基于资源互补的企业信息化投资决策研究 [D]. 成都: 西南财经大学, 2010.

[94] 苏灵, 王永海, 余明桂. 董事的银行背景、企业特征与债务融资 [J]. 管理世界, 2011 (10): 176-177.

[95] 孙俊华, 陈传明. 企业家社会资本与公司绩效关系研究: 基于中国制

造业上市公司的实证研究［J］. 南开管理评论, 2009 (2): 28-36.

［96］孙世敏, 赵希男, 朱久霞. 国有企业 CEO 声誉评价体系设计［J］. 会计研究, 2006 (3): 75-79.

［97］田晓霞. 小企业融资理论及实证研究综述［J］. 经济研究, 2004 (5): 107-116.

［98］田青青. 上市公司高管人力资本与企业绩效的实证研究［J］. 四川理工学院学报（社会科学版）, 2012, 27 (2).

［99］汪炜, 蒋高峰. 信息披露、透明度与资本成本［J］. 经济研究, 2004 (7): 107-114.

［100］王凤彬, 刘松博. 企业社会资本生成问题的跨层次分析［J］. 浙江社会科学, 2007 (4): 87-98.

［101］王革, 张玉利, 吴练达. 企业社会资本静态与动态分析［J］. 天津师范大学学报: 社会科学版, 2004 (1): 16-20.

［102］王珺, 姚海琳, 赵祥. 社会资本结构与民营企业成长［J］. 中国工业经济, 2003 (9): 53-59.

［103］王丽娜. 企业家社会资本向企业社会资本转化研究［J］. 市场论坛, 2006 (3): 132-133.

［104］王卫东. 中国城市居民的社会网络资本与个人资本［J］. 社会学研究, 2006 (3): 151-166.

［105］王艳艳, 于李胜, 王晓珂. 会计稳健性、贷款抵押与银企所有权模式［J］. 会计研究, 2014, 12: 2.

［106］王志强, 张玮婷. 上市公司财务灵活性、再融资期权与股利迎合策略研究［J］. 管理世界, 2012 (7): 151-163.

［107］王雄元, 张春强. 声誉机制、信用评级与中期票据融资成本［J］. 金融研究, 2013 (8): 150-164.

［108］王晓辉. 企业社会资本, 动态能力对企业成长影响研究［D］. 沈阳: 辽宁大学, 2013.

［109］卫武. 中国环境下企业政治资源、政治策略和政治绩效及其关系研究［J］. 管理世界, 2006 (2): 95-109.

［110］尉建文, 李国武, 陈云. 私营企业主的关系网络与社会支持［J］. 中央财经大学学报, 2007 (8): 74-78.

［111］尉建文, 赵延东. 权力还是声望?: 社会资本测量的争论与验证

[J]. 社会学研究, 2011 (3): 64-83.

[112] 邬顺全, 吴骋, 贺佳. 倾向性评分匹配法在多分类数据中的比较和应用 [J]. 中国卫生信息管理杂志, 2013 (5): 448-451.

[113] 吴超鹏, 吴世农, 程静雅, 等. 风险投资对上市公司投融资行为影响的实证研究 [J]. 经济研究, 2012 (1): 105-119.

[114] 吴林祥. 股份全流通后高管行为变化及监管对策 [J]. 证券市场导报, 2008 (5): 10-15.

[115] 吴文锋, 吴冲锋, 芮萌. 提高信息披露质量真的能降低股权资本成本吗? [J]. 2007 (4): 1201-1216.

[116] 吴斌, 黄明峰. 风投企业高管人力资本特征与经营绩效: 来自深市中小板的经验数据 [J]. 山西财经大学学报, 2010 (3): 88-94.

[117] 吴小瑾, 陈晓红. 基于社会资本的集群中小企业融资行为研究 [J]. 中南财经政法大学学报, 2008 (3): 121-127.

[118] 向显湖, 李永焱. 试论企业组织资本与财务管理创新 [J]. 金融研究, 2009 (2): 199-206.

[119] 向显湖, 李永焱. 试论人力资本融资财务 [J]. 会计研究, 2004 (9): 36-41.

[120] 向显湖, 刘天. 论表外无形资产: 基于财务与战略相融合的视角: 兼析无形资源、无形资产与无形资本 [J]. 会计研究, 2014 (4): 1.

[121] 向显湖, 毛洁. 动态竞争战略下的全面预算管理 [J]. 财经科学, 2012 (6): 70-79.

[122] 向显湖, 钟文. 人力资源产权收益 [J]. 财经科学, 2009 (5): 48-55.

[123] 肖冬平, 梁臣. 社会网络研究的理论模式综述 [J]. 广西社会科学, 2004 (12): 166-168.

[124] 肖华芳. CEO 声誉评价研究综述 [J]. 经济研究导刊, 2013 (13): 108-109.

[125] 肖泽忠, 邹宏. 中国上市公司资本结构的影响因素和股权融资偏好 [J]. 经济研究, 2008 (6): 119-134.

[126] 徐冬林. 上市公司独立董事的声誉机制研究 [J]. 中南财经政法大学学报, 2005 (2): 72-76.

[127] 徐明东, 陈学彬. 中国工业企业投资的资本成本敏感性分析 [J].

经济研究，2012（3）：40-52.

[128] 徐延辉. 企业家的伦理行为与企业社会资本的积累 [J]. 社会学研究，2002（6）.

[129] 许叶萍，石秀印. 市场化进程中的社会结构：横向化、层级化与失衡 [J]. 江苏社会科学，2007（2）：95-107.

[130] 严建援，颜承捷，秦凡. 企业战略联盟的动机、形态及其绩效的研究综述 [J]. 南开学报：哲学社会科学版，2004（6）：83-91.

[131] 杨林. 无形资产价值创造研究 [D]. 成都：西南财经大学，2014.

[132] 杨鹏鹏，万迪昉，王廷丽. 企业家社会资本及其与企业绩效的关系：研究综述与理论分析框架 [J]. 当代经济科学，2005，27（4）：85-91.

[133] 叶康涛，陆正飞. 中国上市公司股权融资成本影响因素分析 [J]. 管理世界，2004（5）：127-131.

[134] 叶康涛，张然，徐浩萍. 声誉，制度环境与债务融资：基于中国民营上市公司的证据 [J]. 金融研究，2010（8）：171-183.

[135] 姚启昌，孙启明. 基于社会资本及人力资本的小微企业成长模型构建及检验 [J]. 重庆与世界，2015（2）.

[136] 游家兴，徐盼盼，陈淑敏. 政治关联、职位壕沟与高管变更：来自中国财务困境上市公司的经验证据 [J]. 金融研究，2010（4）：128-143.

[137] 游家兴，刘淳. 嵌入性视角下的企业家社会资本与权益资本成本：来自我国民营上市公司的经验证据 [J]. 中国工业经济，2011（6）：109-119.

[138] 于蔚，汪淼军，金祥荣. 政治关联和融资约束：信息效应与资源效应 [J]. 经济研究，2012（9）：125-139.

[139] 于李胜，王艳艳，陈泽云. 信息中介是否具有经济附加价值?：理论与经验证据 [J]. 管理世界，2008（7）：134-144.

[140] 余明桂，潘红波. 政府干预、法治、金融发展与国有企业银行贷款 [J]. 金融研究，2008（9）：1-22.

[141] 余琰，王春飞. 再融资与股利政策挂钩的经济后果和潜在问题 [J]. 中国会计评论，2014（1）：43-66.

[142] 宇红，刘琛. 信任与企业家社会资本 [J]. 社会科学辑刊，2006（5）：49-53.

[143] 宇红. 企业管理中的企业家社会资本研究 [J]. 学习与探索，2005（3）：202-204.

［144］袁勇志，李佳．企业家社会网络与初创企业绩效关系的实证研究［J］．科技管理研究，2013，33（4）：175-179.

［145］张爱国．我国上市公司高管薪酬激励研究［D］．成都：西南财经大学，2006.

［146］张宝建，胡海青，张道宏．企业创新网络的生成与进化：基于社会网络理论的视角［J］．中国工业经济，2011（4）：117-126.

［147］张兵，范致镇，潘军昌．信息透明度与公司绩效：基于内生性视角的研究［J］．金融研究，2009（2）：169-184.

［148］张纯，吕伟．信息环境、融资约束与现金股利［J］．金融研究，2009（7）：81-94.

［149］张进华．高管团队人口特征、社会资本与企业绩效［D］．武汉：华中科技大学，2010.

［150］张梦琪．创业者社会资本、创业机会开发与新创企业成长关系研究［D］．长春：吉林大学，2015.

［151］张然，王会娟，许超．披露内部控制自我评价与鉴证报告会降低资本成本吗?：来自中国 A 股上市公司的经验证据［J］．审计研究，2012，1（96）：102.

［152］张素平．企业家社会资本影响企业创新能力的内在机制研究［D］．杭州：浙江大学，2014.

［153］张维迎，柯荣住．信任及其解释：来自中国的跨省调查分析［J］．经济研究，2002，10（5）：59-70.

［154］张文江，陈传明．企业社会资本与企业家社会资本的贯通性研究［J］．科学学与科学技术管理，2009（2）：036.

［155］张兆国，曾牧，刘永丽．政治关系、债务融资与企业投资行为：来自我国上市公司的经验证据［J］．中国软科学，2011（5）：106-121.

［156］赵晶，郭海．公司实际控制权、社会资本控制链与制度环境［J］．管理世界，2014（9）：160-171.

［157］赵瑞．企业社会资本、投资机会与投资效率［J］．宏观经济研究，2013（1）：11.

［158］赵琳．创业板上市公司董事会治理绩效影响因素研究［D］．济南：山东大学，2014.

［159］赵延东，罗家德．如何测量社会资本：一个经验研究综述［J］．国外

社会科学，2005（2）：18-24.

［160］赵延东．社会资本理论的新进展［J］．国外社会科学，2003（3）：54-59.

［161］赵勇．社会资本与公司权益资本成本理论与实证研究［D］．厦门：厦门大学，2007.

［162］郑杲娉．中国上市公司大股东兼任高管的影响因素与经济后果分析［D］．北京：清华大学，2012.

［163］郑军，杨兴全．融资契约的代理成本与融资政策建议［J］．武汉金融，2005（4）：28-30.

［164］周红云．社会资本：布迪厄、科尔曼和帕特南的比较［J］．经济社会体制比较，2003（4）：46-53.

［165］周小虎．企业家社会资本及其对企业绩效的作用［J］．安徽师范大学学报（人文社会科学版），2002，30（1）：1-6.

［166］周艳．基于资源观的企业社会资本路径依赖性分析［J］．湖南社会科学，2013（3）：187-190.

［167］周立新．企业家网络、企业家精神与家族企业组织演进［J］．生产力研究，2005（6）：203-204.

［168］朱金鹏．CEO社会资本、企业债务融资行为与资本配置效率［D］．杭州：浙江工商大学，2014.

［169］邹国庆，董振林．知识搜索与组织学习：基于高新技术企业的实证研究［J］．科技进步与对策，2014，31（24）：129-132.

［170］邹宜斌．社会资本：理论与实证研究文献综述［J］．经济评论，2006（6）：120-125.

# 附录

## 一、创业板上市企业背景

自2009年10月创业板开板至2014年12月31日，共有406家公司在创业板上市（见表1）。

**表1 创业板公司上市时间分布**

| 上市时间（年） | 公司数量（家） |
| --- | --- |
| 2009 | 36 |
| 2010 | 117 |
| 2011 | 128 |
| 2012 | 74 |
| 2013 | 0 |
| 2014 | 51 |

本附录将对创业板公司的情况进行概括说明，从中可以大致看出创业板公司与主板及中小板公司的区别，并为后续研究提供基础资料。

### （一）创业板公司的行业分布

从截至2014年12月31日已经在创业板上市的406家创业板上市公司所属行业（2012年版证监会行业分类）来看，公司多分布在计算机、通信和其他电子设备制造业，信息传输、软件和信息技术服务业等行业，其中计算机、通信和其他电子设备制造业占14.78%，信息传输、软件和信息技术服务业占14.29%、电气机械及器材制造业占10.84%，专用设备制造业占10.10%。从行业分布来看，多数企业都是从事高新技术的企业。机械设备、通信和信息技术等行业的公司最多，这与创业板的设立宗旨基本上是一致的。406家创业板公司的行业分布见表2。

**表 2　创业板公司行业分布**（截至 2014 年 12 月 31 日）

| 所属行业 | 公司数量（家） | 所属行业 | 公司数量（家） | 所属行业 | 公司数量（家） |
|---|---|---|---|---|---|
| (A)农、林、牧、渔业 | 4 | (C33)金属制品业 | 4 | (F)批发和零售业 | 4 |
| (B)采矿业 | 4 | (C34)通用设备制造业 | 22 | (G)交通运输、仓储和邮政业 | 3 |
| (C13)农副食品加工业 | 3 | (C35)专用设备制造业 | 41 | (I)信息传输、软件和信息技术服务业 | 58 |
| (C14)食品制造业 | 4 | (C36)汽车制造业 | 5 | (L)租赁和商务服务业 | 3 |
| (C18)纺织服装、服饰业 | 1 | (C37)铁路、船舶、航空航天和其他运输设备制造业 | 3 | (M)科学研究和技术服务业 | 7 |
| (C24)文教、工美、体育和娱乐用品制造业 | 2 | (C38)电气机械及器材制造业 | 44 | N 水利、环境和公共设施管理业 | 6 |
| (C26)化学原料及化学制品制造业 | 32 | (C39)计算机、通信和其他电子设备制造业 | 60 | (Q)卫生和社会工作 | 3 |
| (C27)医药制造业 | 30 | (C40)仪器仪表制造业 | 19 | (R)文化、体育和娱乐业 | 7 |
| (C29)橡胶和塑料制品业 | 12 | (C41)其他制造业 | 4 | — | — |

（二）创业板公司的地区分布

从创业板公司地区分布看，华东、华南、华北地区上市公司数量最多，即这些上市的创业板公司多分布在我国经济最发达的长三角、珠三角和环渤海地区。

**表 3　创业板公司地区分布**

| 地区 | 公司数量（家） |
|---|---|
| 华东 | 160 |
| 华南 | 88 |
| 华北 | 83 |
| 华中 | 27 |
| 西南 | 23 |

表3(续)

| 地区 | 公司数量（家） |
| --- | --- |
| 东北 | 13 |
| 西北 | 12 |

注：表3中东北地区包括黑龙江、吉林、辽宁，华北地区包括北京、天津、河北、山西、内蒙古，华东地区包括山东、上海、江苏、浙江、安徽、福建、江西，华南地区包括广东、海南，华中地区包括湖北、湖南、河南，西北地区包括陕西、甘肃、新疆，西南地区包括四川、重庆、云南、贵州。

从地区分布来看，广东、北京、江苏、浙江、上海公司最多，这几个省市也是经济最发达地区。按上市公司所属地区划分，这些公司来自27个省（区、市），多集中在北京、上海、广东、浙江、江苏，这五个省市上市公司达270家，占总上市公司的66.50%，这说明目前创业板上市企业地域分布不均，东北、西南等经济欠发达地区的创业板上市公司较少（见表4）。

**表4　创业板公司所属省（区、市）分布**

| 省(区、市) | 公司数(家) | 省(区、市) | 公司数(家) | 省(区、市) | 公司数(家) |
| --- | --- | --- | --- | --- | --- |
| 广东 | 86 | 四川 | 9 | 甘肃 | 2 |
| 北京 | 64 | 安徽 | 8 | 海南 | 2 |
| 江苏 | 48 | 河南 | 8 | 吉林 | 2 |
| 浙江 | 41 | 河北 | 7 | 山西 | 2 |
| 上海 | 31 | 陕西 | 7 | 贵州 | 1 |
| 山东 | 19 | 天津 | 7 | 黑龙江 | 1 |
| 湖北 | 13 | 重庆 | 5 | 云南 | 1 |
| 湖南 | 12 | 江西 | 3 | 辽宁 | 10 |
| 福建 | 11 | 内蒙古 | 3 | 新疆 | 3 |

（三）创业板公司的规模

本书分别以公司注册资本、职工人数、营业收入、总资产等指标衡量创业板公司规模。统计结果如下：

从创业板公司上市时的注册资金来看，406家公司的平均注册资金为0.716 691 96亿元，这说明这些企业本身也是实力较为雄厚的企业（见表5）。

**表5　创业板公司招股时注册资本的描述性统计**　　单位：亿元

| N | 平均数 | 中位数 | 最小值 | 最大值 | 四分位下限 | 四分位上限 | 标准差 |
| --- | --- | --- | --- | --- | --- | --- | --- |
| 406 | 0.72 | 0.6 | 0.26 | 4.58 | 0.46 | 0.8 | 0.50 |

如果以创业板公司上市时的职工人数来衡量公司规模，根据2011年工业和信息化部等部委发布的《中小企业划型标准规定》，有3/4以上的创业板公司职工人数在1 000人以下，属于中小企业（见表6）。

**表6　创业板公司上市时职工人数描述性统计**　　　　单位：人

| N | 平均数 | 中位数 | 最小值 | 最大值 | 四分位下限 | 四分位上限 | 标准差 |
|---|---|---|---|---|---|---|---|
| 406 | 634.17 | 458 | 40 | 7 119 | 271 | 774.5 | 639.70 |

如果以创业板公司上市前一年的总资产来衡量公司规模，可以发现，创业板公司规模差异较大，最大公司是最小公司的62倍（见表7）。

**表7　创业板公司上市前一年总资产的描述性统计**　　　　单位：亿元

| N | 平均数 | 中位数 | 最小值 | 最大值 | 四分位下限 | 四分位上限 | 标准差 |
|---|---|---|---|---|---|---|---|
| 406 | 2.47 | 1.95 | 0.33 | 20.60 | 1.28 | 3.0 | 2.10 |

如果以创业板公司上市前一年的营业收入来衡量公司规模，根据2011年工业和信息化部等部委发布的《中小企业划型标准规定》，有50%以上的创业板公司属于中小企业（见表8）。

**表8　创业板公司上市前一年营业收入描述性统计**　　　　单位：亿元

| N | 平均数 | 中位数 | 最小值 | 最大值 | 四分位下限 | 四分位上限 | 标准差 |
|---|---|---|---|---|---|---|---|
| 406 | 2.27 | 1.73 | 1.04 | 2.68 | 0.22 | 16.96 | 2.05 |

### （四）创业板公司的创新性

本书以研发投入强度（研发投入/营业收入）衡量创业板公司的创新性。

科技部、财政部、税务总局于2004年4月14日印发的《高新技术企业认定管理办法》规定，最近一年销售收入在20 000万元以上的企业，近三个会计年度的研究开发费用总额占销售收入总额的比例不低于3%。创业板公司上市前一年营业收入平均为2.27亿元，而其近5年的研发投入强度均值为7%左右，远高于规定标准，也高于中小板和主板的水平。这在一定程度上说明创业板公司的创新能力比较强（见表9）。

表 9　2009—2014 年创业板公司研发投入强度描述性统计

| 年度 | N | 均值（%） | 中位数 | 四分位数下限（%） | 四分位数上限 | 最小值（%） | 最大值 | 标准差（%） |
|---|---|---|---|---|---|---|---|---|
| 2009 | 55 | 0. 65 | 5. 19 | 3. 71 | 6. 62 | 0. 35 | 39. 1 | 6. 27 |
| 2010 | 181 | 6. 35 | 4. 44 | 3. 4 | 6. 61 | 0. 65 | 75. 622 | 7. 12 |
| 2011 | 285 | 6. 7 | 4. 61 | 3. 52 | 7. 27 | 0. 84 | 98. 39 | 7. 45 |
| 2012 | 353 | 7. 3 | 4. 94 | 3. 56 | 8. 09 | 0. 19 | 71. 85 | 7. 42 |
| 2013 | 373 | 7. 78 | 5. 18 | 3. 67 | 8. 62 | 0. 03 | 55. 13 | 7. 67 |
| 2014 | 413 | 7. 2 | 4. 89 | 3. 5 | 8. 2 | 0. 02 | 72. 56 | 7. 07 |

（五）创业板公司成立时间

从上市公司成立时间来看，大部分公司成立的时间比较短，这些公司基本上都处于成长的高峰期，创业板的设立为这些公司提供了资金，满足了其跨越式发展的需求（见表 10）。

表 10　创业板公司上市时年龄的描述性统计　　单位：年

| N | 平均数 | 中位数 | 最小值 | 最大值 | 四分位下限 | 四分位上限 | 标准差 |
|---|---|---|---|---|---|---|---|
| 406 | 9. 12 | 9. 11 | 0. 49 | 24. 09 | 6. 41 | 11. 76 | 4. 57 |

（六）创业板公司的所得税率

高新技术企业享受国家所得税优惠政策。通过对创业板公司 2009—2014 年所得税率的统计发现，50%以上的公司享受高新技术企业 15%的优惠税率，部分公司享受了更低的优惠税率，某些公司甚至享受免税政策。对创业板公司实施所得税优惠，减轻了公司的负担，有利于促进公司的发展成长。当然，公司上市关系到地方政府的形象和政绩，故而普遍享受了较多的政府优惠政策，所得税优惠即是方式之一。另外，借助市盈率的杠杆作用，企业所得税优惠可使上市公司的发行收入增加（见表 11）。

表 11　2009—2014 年创业板公司所得税率　　单位:%

| 年度 | 公司数量 | 均值 | 中位数 | 四分位下限 | 四分位上限 | 最小值 | 最大值 | 标准差 |
|---|---|---|---|---|---|---|---|---|
| 2009 | 59 | 12. 70 | 14. 00 | 11. 11 | 14. 88 | 2. 14 | 26. 33 | 4. 21 |
| 2010 | 189 | 12. 77 | 13. 85 | 11. 02 | 15. 09 | 0 | 31. 24 | 5. 56 |

表11(续)

| 年度 | 公司数量 | 均值 | 中位数 | 四分位下限 | 四分位上限 | 最小值 | 最大值 | 标准差 |
|---|---|---|---|---|---|---|---|---|
| 2011 | 294 | 14.09 | 14.19 | 12.41 | 15.39 | 0 | 43.05 | 4.86 |
| 2012 | 355 | 13.98 | 14.40 | 11.76 | 16.09 | 0 | 87.28 | 9.81 |
| 2013 | 379 | 15.72 | 14.34 | 10.74 | 16.76 | 0 | 460.11 | 27.24 |
| 2014 | 406 | 13.79 | 14.43 | 11.64 | 17.19 | 0 | 152.94 | 15.98 |

## 二、创业板公司首次公开发行概况

截至2014年年底，406家创业板公司首发价格最高达110元，首发市盈率最高达150.82（见表12）。

**表12　截至2014年年底创业板公司首次公开发行概况**

| 变量 | 公司数量 | 均值 | 中位数 | 标准差 | 最小值 | 最大值 |
|---|---|---|---|---|---|---|
| 首发价格（元） | 406 | 28.84 | 25 | 15.49 | 4.47 | 110 |
| 首发数量（万股） | 406 | 2 267.17 | 2 000 | 1 096.67 | 867 | 9 000 |
| 首发市盈率（摊薄） | 406 | 51.96 | 48.45 | 24.06 | 10.07 | 150.82 |

U0906453